7 SECRETOS de la CONFESIÓN

Vinny Flynn

Introducción por P. Michael Gaitley, MIC

MercySong

STOCKBRIDGE, MASSACHUSETTS

Publicado por MercySong, Inc.
Stockbridge, Massachusetts USA
www.mercysong.com

En colaboración con Ignatius Press
San Francisco, California, USA

Publicado con Aprobación Eclesiástica
Nihil Obstat
Reverendo Mark S. Stelzer, S.T.D.
Censor Librorum
Diócesis de Springfield, Massachusetts
Natividad de San Juan Bautista
Junio 24, 2013

No. de Control de la Librería del Congreso: 2014943987

ISBN: 978-1-884479-48-9

Traducción por Padre Rolando Cabrera

El logo de 7 Secretos por Riz Boncan Marsella
Diseño por Mary Flannery

Ilustración de portada tomada de "El Amor que Salva,"
©2013 por Maria Rangel
www.rangelstudios.com

Impreso en Los Estados Unidos de America
Julio, 2014

AL P. PETER, OFM

*Mi confesor y amigo de toda la vida,
quien ha reído, llorado y orado conmigo,
ha sido para mí un reflejo del rostro
misericordioso del Padre y ha caminado conmigo
en la senda de la sanación y la santidad.*

AGRADECIMIENTOS ESPECIALES

A mí querida hija y dedicada editora,
Erin Flynn, quien me mantuvo en la ruta
y trabajo conmigo de manera cercana e indispensable
en todo el proceso de redacción, edición y producción.

"Mientras aún podemos ser sanados,
pongámonos en las manos
de nuestro Divino Médico."

— De una homilía del siglo II

Índice

Nota del Autor

Las citas utilizadas en el texto están ordenadas generalmente por número de página y sección en las Notas, Fuentes, y Referencias al final del libro. Los textos de la Escritura, el *Catecismo de la Iglesia Católica*, otros Documentos Eclesiásticos y el *Diario de Santa Faustina* se citan en el texto mismo.

$\mathcal{I}$NTRODUCCIÓN

"No temas. Lo que necesitas es creer."

Mc 5, 36

$\mathbf{E}$n el *Diario de Santa Faustina*, Jesús nos dice: "Oren por las almas para que no tengan miedo de acercarse al tribunal de Mi misericordia" (975). Creo que muchas personas han estado orando por esa intención y que este libro ayudará a muchos a regresar a la confesión.

Cuando yo estaba en el Seminario, solía ir a confesarme cada sábado en la mañana, aunque no tuviera obligación de hacerlo. Era mi cita semanal con Jesús para encontrarme con Su amor en el Sacramento de la Misericordia, lo cual me traía mucha paz y alegría. Sin embargo, llegar a hacerlo no era fácil. Casi siempre, antes de la confesión, me asaltaba un aluvión de lo podríamos llamar ataques de índole espiritual.

El ataque más común era el temor, el cual me

sobrevenía usualmente mientras aguardaba en la fila para la confesión. De hecho, mientras más me acercaba al confesionario, mayor era el temor, el cual venía usualmente acompañado de pensamientos tales como, "el sacerdote me va a regañar"… "eres el peor pecador; "no hay misericordia para ti"… "se te van a olvidar los pecados y vas a quedar como un tonto"… "el sacerdote se va a escandalizar de tus pecados"… "confiesas los mismos pecado una y otra vez, esta vez ya Dios se cansó de ti."

Estos pensamientos y las oleadas de ansiedad que los acompañaban no tenían sentido. Después de todo, por muchos años yo había tenido una gran devoción al mensaje de la Divina Misericordia. Mi imagen de Dios era definitivamente la imagen de Jesús lleno de amor y misericordia.

Sin embargo, a pesar de todo lo que sabía acerca de su misericordia, no siempre podía librarme de esos pensamientos y temores. Yo trataba de combatirlos rezando la que había llegado a ser mi oración constante: "Jesús, en Ti confío," pero no era fácil. Parecía como si cada vez que me ponía en la fila para la confesión, la amnesia se apoderaba de mí, haciéndome olvidar todo lo que había aprendido acerca de la misericordia de Dios.

Entonces, un día, leí un pasaje del *Diario de Santa Faustina* que me ha ayudado quizás más que cualquier otro. Jesús le dijo a Faustina:

> **Cada vez que vas a confesarte, sumérgete enteramente en Mi misericordia con gran confianza para que pueda derramar sobre tu alma la generosidad de mi gracia. ... Di a las almas que de esta fuente de la misericordia las almas sacan gracias exclusivamente con el recipiente de confianza. Si su confianza es grande, mi generosidad no conocerá límites.**
>
> 1602

No es nada sorprendente, pues, que mis ataques semanales se concentraran en el temor. Satanás quería despojarme de las gracias de la confesión y él sabía que el temor mata la confianza. Así, después de leer este pasaje, me hice el firme propósito de acercarme al confesionario de la misma manera en que me acerco a Jesús: con corazón contrito y gran confianza en su misericordia. Ese propósito ha ayudado, pero aún así la batalla persiste.

Gracias a *7 Secretos de la Confesión*, la batalla se ha vuelto más fácil de pelear. Los 7 Secretos de Vinny son como 7 cargas explosivas que vuelan los obstáculos que nos alejan del Sacramento de la Misericordia. Si alguna vez te has alejado del camino de la confesión, o te has desanimado por confesar los mismos pecados una y otra vez, o te has preguntado cómo tus confesiones pudieran ser más fructíferas, entonces este libro te va a encantar. El mismo transforma lo que muchos ven como una obligación agobiante en un preciado y anhelado encuentro con el Señor.

Lo mismo si vas a confesarte cada semana como si no has ido en muchos años, este libro te ayudará a redescubrir y a enamorarte profundamente del don de la misericordia de Dios en este sacramento admirable. Estoy profundamente agradecido de que Vinny no se haya guardado estos secretos para sí. Y cuando leas este libro, lo vas a agradecer también. Es de verdad la respuesta a la oración.

P. Michael Gaitley, MIC

PRÓLOGO

Superando la Lista de la Compra

*Redescubramos con
alegría y confianza
este sacramento.*

Papa Juan Pablo II

Comenzaré siendo honesto. Nunca fui de la idea de que la Confesión era algo agradable de hacer en una tarde de sábado. Ni en ningún otro momento.

De alguna manera, la perspectiva de contarle a otro ser humano las cosas que ni yo mismo estaba dispuesto a admitir no me hacía mucha gracia. Era siempre algo

1

incómodo, a menudo difícil, y a veces totalmente humillante, sobre todo cuando el sacerdote tenía poca paciencia y comprensión.

"Tengo que ir" a Confesión

Sin embargo, siendo un "buen católico," yo quería recibir la Comunión, y sabía que esto no era posible si tenía pecados graves en mi alma. Así que, cada vez que era consciente de haber cometido un pecado grave, el aguijón de la culpa me hacía ir a confesarme.

Esto es lo que la confesión significaba para mí. Nunca pensé que fuera algo que puede desearse por sí mismo. Era simplemente un medio para alcanzar un fin, una vía para lograr que mis pecados fueran perdonados y así poder recibir dignamente la Comunión. Es cierto que a veces me sentía mejor después de confesarme, pero aún así sé que no lo habría hecho si no hubiera tenido la obligación.

Hubo incluso ocasiones en las que el arrepentimiento por mis pecados era motivado más por el hecho de tener que ir a confesarme que por la conciencia de haber actuado bien o mal o por lo que ahora considero una verdadera contrición. En vez de "Oh, no, he ofendido a Dios" mi pensamiento era "Oh, no, ahora tengo que ir a confesarme."

La Confesión y la Comunión eran para mí dos cosas totalmente diferentes cuya única relación era que una era el requisito previo para la otra. Yo quería comulgar, por eso me tenía que confesar.

Confesión de "la Lista de Compras"

Debido a mi comprensión limitada de la confesión, toda mi atención se centraba en el pecado, que para mí no era más que un mal comportamiento. Se trataba de algo que había hecho mal de "pensamiento, palabra, u obra."

De este modo solía mantener en mi mente una lista, al estilo de la lista que hacemos para ir de compras al supermercado, de mis malos pensamientos, palabras y acciones. Cuando había demasiados artículos en mi lista, o cuando uno de ellos parecía ser demasiado malo, entonces me daba cuenta que no debía comulgar hasta que me hubiera confesado. Así me llenaba de valor y me forzaba a mí mismo a entrar en el confesionario, con la esperanza de que el sacerdote no supiera quién era yo. ¿Te resulta familiar eso?

En mi mente, Dios sólo estaba indirectamente involucrado. La confesión era un asunto mío y del sacerdote. Yo enumeraba mi lista de la compra con mis pecados y recitaba la breve oración del Acto de Contrición que había memorizado desde que era niño. El sacerdote me perdonaba en nombre de Dios y me imponía una penitencia que cumplir; yo dejaba el confesionario con una sensación de alivio, sabiendo que era un nuevo comienzo y que podía comulgar de nuevo.

¿Hay algo malo en esto? Por supuesto que no. Necesitamos tener conciencia del pecado y del perdón. Y ciertamente hubiera sido un error mío recibir la Comunión con un pecado grave en mi alma.

Sin embargo, mi comprensión de la confesión era tan limitada y estrecha que me impedía descubrir la belleza real y el valor de este sacramento; belleza y valor que hasta un niño pequeño puede aprender si se les enseñan adecuadamente.

Durante los últimos años, al viajar por todo el país dando charlas y misiones, he llegado a darme cuenta de que muchos Católicos tienen la misma visión limitada de la confesión y de que hay mucha necesidad de una enseñanza clara acerca de este importante sacramento.

Redescubrir los "Secretos"

Como expliqué en mi libro anterior, *7 Secretos de la Eucaristía*, no hay secretos reales aquí, sino simples verdades que por alguna razón han permanecido ocultas en el corazón de la Iglesia y necesitan ser descubiertas de nuevo.

"Ahora más que nunca," escribe el Papa Juan Pablo II, "el Pueblo de Dios necesita ayuda para redescubrir … el sacramento de la misericordia." Y añade:

> Pidamos, pues, a Cristo, que nos ayude a redescubrir plenamente, para nosotros mismos, la belleza de este sacramento … abandonarnos a la misericordia de Dios … y volver con su gracia a nuestro camino de santidad.

Así pues, si aún no has experimentado la confesión como un maravilloso encuentro personal con Dios; si aún no anhelas ir a confesarte con el mismo afán y la misma expectación con que vas a recibir la Comunión, entonces, por favor, continúa leyendo. Este libro puede cambiar tu vida.

$\mathcal{S}$ ECRETO 1
El Pecado no Cambia a Dios

Dios no está sujeto a eclipse ni a cambio.
Él es por toda la eternidad Uno y el mismo. …
Yo confío en Ti Jesús, porque Tú eres inmutable. …
Tú eres siempre el mismo, lleno de misericordia.

Santa Faustina, Diario, *386, 1489*

Para entender realmente la confesión, necesitamos entender el pecado. Necesitamos saber lo que es el pecado y lo que éste hace, y (quizás más importante aún) lo que no hace.

Como mencioné en el Prólogo, yo solía pensar que el pecado era sólo un mal comportamiento, algo que ocurría al pensar, decir o hacer algo malo. Gradualmente, aprendí a considerar que esos malos comportamientos eran también ofensas contra Dios. Las ofensas pequeñas eran "pecados veniales" que molestaban a Dios pero no tanto. Las ofensas graves, en cambio, eran "pecados mortales" que, además de impedirme recibir la Comunión, hacían que Dios se enojara de verdad conmigo. La Confesión, junto con la penitencia que el sacerdote me impusiera, era la forma de compensar por lo que había hecho, para que pudiera volver a recibir la Comunión y Dios dejara de estar enojado conmigo.

¡Qué equivocado estaba! El pecado no sólo tiene que ver con un comportamiento, sino con una relación.

Tú y yo no estamos aquí por accidente. No hemos sido creados distraídamente por un Dios que simplemente jugaba con barro porque estaba aburrido y no tenía otra cosa que hacer.

Nosotros existimos porque Dios es un Padre que quería tener hijos, hijos que fueron creados por Él "a su imagen y semejanza" (Gn 1, 26-27), para que pudieran recibir Su amor y finalmente llegar a compartir su misma vida divina en la Trinidad.

Como escribe el Papa Juan Pablo II en su carta

encíclica Rico en Misericordia, Dios no es únicamente el creador:

> Él es además Padre: con el hombre … está unido por un vínculo más profundo aún que el de Creador. Es el amor, que no solo crea el bien, sino que hace participar en la vida misma de Dios: Padre, Hijo, y Espíritu Santo. En efecto el que ama desea darse a sí mismo.
>
> #7

Y el Papa Benedicto XVI, en su primera homilía como Papa, añade:

> No somos el producto casual y sin sentido de la evolución. Cada uno de nosotros es el fruto de un pensamiento de Dios. Cada uno de nosotros es querido, cada uno es amado.

¡Genial! ¡Tú existes porque Dios pensó en ti y te amó! Este Dios, este Padre que nos quiso traer a la vida y anhela darse a Sí mismo a nosotros, ha revelado una y otra vez que su amor por cada uno de nosotros es personal y eterno, y que su atención está centrada no en nuestro comportamiento, sino en nuestra relación con Él.

Dios no sólo nos ha creado, Él es nuestro Padre y seguirá siendo nuestro Padre por siempre:

"Con amor eterno te he amado" (Jer 31,3).

"Mira, en la palma de mis manos te llevo grabado" (Is 49,16).

"Vacilarán los montes, las colinas se conmoverán; pero mi bondad hacia ti no desaparecerá" (Is 54,10).

"Seré para ustedes Padre, y ustedes serán para mí, hijos e hijas" (2 Cor 6,18).

¿Cómo relacionamos esto con el pecado? El pecado es el rechazo a que Dios sea nuestro Padre. Es no responder a su amor y a su guía, rehusándonos a vivir en una relación amorosa con Él, como hijos e hijas Suyos. Como lo expresa el teólogo Scott Hahn:

La esencia del pecado es nuestro rechazo a la filiación divina.

Este rechazo, por supuesto, genera inevitablemente ciertos comportamientos que llamamos pecados, pero esos comportamientos no constituyen el verdadero problema. El verdadero problema está en nuestros corazones, en nuestro rechazo a aceptar y responder al amor del Padre.

¿Pueden este rechazo y los comportamientos pecaminosos resultantes cambiar el amor del Padre o destruir nuestra relación con Él?

No. Y ese el punto que quiero tratar. Como explica el Papa Juan Pablo II en sus reflexiones sobre la parábola del hijo pródigo,

> El padre del hijo pródigo es fiel a su paternidad, fiel al amor que desde siempre sentía por su hijo.
>
> *Rico en Misericordia*, 6

> En fin de cuentas se trataba del propio hijo y tal relación no podía ser alienada, ni destruida por ningún comportamiento.
>
> *Rico en Misericordia*, 5

Nuestro comportamiento, no importa cuán malo pueda ser, no puede nunca deshacer la realidad de nuestra relación filial con Dios, y nada podrá cambiar jamás su amor por nosotros.

Como escribe Santa Faustina,

Todo puede cambiar, pero el amor nunca, nunca, él permanece siempre el mismo.

Diario, 947

Ahora, si nuestro comportamiento pecaminoso no cambia a Dios, ni destruye su relación de Padre amoroso con nosotros, ¿qué es lo que hace entonces?

Nos separa de su amor.

Echemos otro vistazo al significado del pecado. Cuando yo era joven, escuché una vez a un sacerdote dar una definición de pecado muy diferente de las definiciones eminentemente teológicas que yo había aprendido en las clases de Catecismo:

El pecado es apartar tu rostro de Dios.

Nunca he olvidado esa definición. Le viene bien a cualquier pecado que podamos imaginar. La distinción entre pecado mortal y venial se me hace ahora más clara al pensar en los diversos grados de alejamiento que pueden darse entre "fijar el rostro en Dios" y "apartar el rostro de Dios."

La gravedad de mi pecado depende de que tan claramente me dé cuenta de que me estoy apartando de Dios, de que tan consciente o libremente elija apartarme, y de que tan completamente me haya apartado.

El *Catecismo de la Iglesia Católica* presenta una imagen adicional que hace aún más clara la comparación,

> El pecado se levanta contra el amor que Dios
> nos tiene y aparta de Él nuestros corazones.
>
> #1850

¡Nuestros *corazones*! No sólo nuestros rostros. ¿Recuerdas lo que vimos antes: que nuestros comportamientos pecaminosos son solo síntomas del verdadero problema? El verdadero problema está en nuestros corazones.

Cuando pecamos, apartamos no sólo nuestros rostros, sino también el resto de nuestro ser, o sea, nuestras mentes, nuestros corazones, nuestros espíritus.

Cuando pecamos, nos ponemos en contra del amor de Dios y, por ende, nos apartamos de Él. Sin embargo, el *Catecismo* no dice que el pecado pone a Dios en contra de nosotros. No dice que el pecado aparta Su corazón de nosotros.

Dios nunca causa la separación que resulta de nuestro pecado. Él nunca aparta Su rostro o Su corazón de nosotros. Pero, como nos ha creado libres y respeta nuestra libertad, Él permite que nosotros nos apartemos. Haz una pausa un momento y permite que esto cale en ti. *Él* no se aparta; Él permite que *nosotros* nos apartemos.

Entonces, ¿cuál es el remedio? Volvernos atrás. Cambiar nuestros corazones y volvernos atrás.

Hace unos pocos años, en un retiro para hombres que estábamos presentando, mi hijo Juan explicó que "conversión" y "arrepentimiento" pueden comprenderse mejor si pensamos en el siguiente comando militar: ¡media VUELTA!"

Él pidió un voluntario, y uno de los hombres que había estado en el ejército se acercó y nos demostró la respuesta adecuada a ese comando.

Lo hizo muy bien. Dio un giro repentino, potente y completo a su cuerpo de manera que se encontró mirando en la dirección opuesta.

Desde entonces, cada vez que oigo la palabra "conviértete" o "arrepiéntete" las imagino como una orden (y una invitación amorosa) del "Comandante en Jefe" para que demos una media vuelta y volvamos a Él.

Necesitamos entender, más que cualquier otra cosa, que el amor de Dios por cada uno de nosotros es permanente. Es para siempre y nada puede cambiar eso. Ningún pecado es más grande que Su amor.

Nada que tú y yo hayamos hecho, haremos, o podamos hacer alguna vez, puede hacer que Dios deje de amarnos. ¡Nosotros no tenemos el poder de cambiar a Dios! Él está siempre amándonos, siempre como el inmutable "Yo soy" (Ex 3, 14).

¿Recuerdas la escena en la montaña cuando Moisés le preguntó a Dios quién era? La respuesta de Dios siempre me pareció extraña y confusa sin que ninguna de las traducciones al uso me la pudiera aclarar:

> Yo soy quien Yo soy ...
> Yo soy el que soy ...
> Yo soy quien soy ...
> Yo soy el que es ...

Todo lo que yo podía sacar de ahí era que Dios parecía estar enfatizando su propia existencia, subrayando quizás que Él es el que siempre ha existido y siempre existirá.

Hasta que escuché a un erudito sacerdote explicar que es difícil traducir con precisión este pasaje, pero que si pudiéramos hacerlo el resultado sería algo así como:

"Yo soy el que está siendo."

El verbo ser expresa aquí no sólo un estado de ser, sino una acción. Lo que el sacerdote quería decir era que Dios siempre existe, siempre "es," pero que la existencia de Dios no es sólo un estado de *ser*; ¡es una *acción*!

¿Qué es Dios? San Juan nos dice que "Dios es amor" (1 Jn 4, 9). Pero en Dios, amor no es un sustantivo sino un verbo. Sí, Dios es amor, pero ese amor no es estático, no es solo un "estado de ser." Ese amor es siempre activo, siempre creativo, siempre derramándose en nosotros.

Dios nunca esta únicamente *siendo*. Él está siempre *haciendo*. Amor *es* lo que Dios es y lo que Dios *hace*, — siempre e inmutablemente. Él está siempre amándonos, no por lo que somos, o por la manera en que nos comportamos, sino porque esa es Su naturaleza, eso es lo que Él es. Él es el que está "siendo," el que está "amanado."

San Juan de la Cruz nos ofrece una sencilla analogía que nos puede aclarar todo esto. Él compara a Dios con el sol:

> El sol se alza y brilla temprano sobre tu casa y está dispuesto a brillar dentro de ella si abres las cortinas. Del mismo modo, Dios quien nunca duerme ni reposa, es como el

sol, brillando sobre las almas.

La ciencia nos dice que, en realidad, el sol nunca se pone, nunca se oculta. Es la tierra la que se mueve, apartándose del sol. El sol está siempre haciendo lo suyo, es decir, brillando, dando luz y calor a todo el que se le ponga delante.

Cuando nos apartamos de Dios y de Su amor por el pecado, no es Dios el que cambia. El cambio tiene lugar en nosotros.

Muchos de nosotros no hemos aprendido eso realmente. Lo que hemos aprendido es que lo que hacemos (o no hacemos) repercute en el modo en que los otros nos responden, y que el amor es algo que tenemos que ganar con nuestro buen comportamiento.

Lo que aprendemos desde bien temprano es que padres, maestros, amigos, y aún los extraños reaccionan positiva o negativamente hacia nosotros basados en nuestras acciones. Incluso Papa Noel nos está observando para ver si nos portamos bien o mal. Si eres bueno, recibes cosas buenas; si eres malo lo único que recibes es carbón en tu calcetín.

A pesar de que leemos en el Génesis que Dios nos

creó a su imagen y semejanza (cf. 1, 27), lo entendemos mal y pensamos que está bien recrearlo a *Él* a *nuestra* imagen y semejanza. Y como nosotros tendemos a condicionar nuestro amor al comportamiento, pensamos que Dios hace lo mismo.

Así que de vez en cuando, observamos nuestra conducta y pensamos que no somos dignos de su amor. Y ¿sabes qué? ¡Claro que no somos dignos de su amor! Él es Dios, y nosotros somos criaturas que Él creó del polvo. ¿Qué es lo que podríamos hacer para merecer su amor?

La buena noticia es que no necesitas ser digno de su amor. Él te ama por lo que Él es y por lo que Él te creó para que seas: no sólo una criatura sino Su propio hijo. Tú no puedes ganar o perder el amor de Dios, lo tienes ya, para siempre.

Pero siempre tienes una opción: puedes aceptarlo o rechazarlo. Pecado es cuando lo rechazas.

El sol está siempre brillando, siempre dando luz y calor. Yo no puedo cambiar eso. Pero yo puedo apartar mi rostro de él. Puedo mantener mis cortinas cerradas. Puedo abrir una sombrilla para resguardarme de él.

Puedo incluso meterme en una cueva y decir "¿A dónde se ha ido el sol? ¿Por qué está tan oscuro y frío aquí dentro?" Pero el sol no ha cambiado. Aún brilla. Aún da luz y calor. Y en cualquier momento que decida salir de la cueva, él estará ahí esperándome.

Sin embargo, mientras permanezca dentro de la cueva, no puedo ver el sol. No puedo experimentar su calor y su luz porque me he apartado de él. Del mismo modo, cuando me aparto de Dios por el pecado, eso no lo cambia a Él. Lo que cambia es mi capacidad de ver, mi capacidad de experimentar y recibir el amor que Él esta incesantemente derramando sobre mí.

San Teófilo de Antioquía escribe:

> Dios es visto por aquellos que tienen la capacidad de verlo, siempre y cuando mantengan abiertos los ojos de su mente. Todos tienen ojos, pero algunos tienen los ojos envueltos por la oscuridad, incapaces de ver la luz del sol.

> Porque los ciegos no puedan verlo, no quiere decir que el sol no brille. Los ciegos deben buscar la causa en ellos mismos y en sus ojos.

> De la misma manera, tú tienes ojos en tu mente que están envueltos por la oscuridad

a causa de tus pecados y obras malas…
Nadie que tenga pecado en sí mismo puede
ver a Dios.

El pecado no es solo un "romper las reglas," o una
ofensa contra Dios. Es también una ofensa contra mí
mismo. Y esto conlleva su propio castigo. Me aprisiona
en la fría oscuridad de la cueva, privándome del calor y de
la luz para los que fui creado.

El pecado me introduce en la cueva,
La confesión me saca fuera.

EL PECADO NO CAMBIA A DIOS

$\mathcal{S}$ECRETO 2
No se Trata Solo del Perdón

Nos confesamos
para ser sanados.

Santa Faustina, Diario, 377

En innumerables charlas, retiros y misiones, he hecho a miles de personas esta simple pregunta: si pudieras utilizar una sola palabra para definir el propósito de la confesión, ¿cuál sería esa palabra?

La respuesta es siempre la misma: *el perdón*.

Sin embargo, esta no es la respuesta correcta

No me vayan a quemar en la hoguera aún. Por

supuesto que la confesión incluye el perdón. Pero eso es solo una parte de un propósito mucho más amplio, y la palabra que mejor expresa ese propósito es *sanación*.

Durante buena parte de mi vida, como mencioné en el Prólogo, siempre que pensaba en la confesión, el foco de mi atención recaía en el pecado, que para mí no era más que un mal comportamiento.

Yo no me confesaba regularmente. Solamente lo hacía cuando me daba cuenta que tenía pecados graves que confesar y mi propósito principal al hacerlo era que mis pecados fueran perdonados para poder así recibir la Comunión.

No quiero decir que esto fuera para mí un proceso frío y mecánico. Yo me consideraba un buen católico. De cierta manera, entendía que mis pecados eran ofensas contra Dios y, cuando rezaba el Acto de Contrición, sentía de verdad lo que estaba diciendo. Estaba arrepentido de mis pecados y quería tratar de mejorar.

De este modo, acudía al confesionario con mi pequeña (o a veces grande) "lista de la compra" de mis pecados, para recitárselos al sacerdote, rezar el Acto de Contrición, y recibir la absolución.

¿Eran perdonados mis pecados? Por supuesto. Pero la

próxima vez que acudía al confesionario, ¿saben lo que pasaba? La misma lista.

Cada vez que pregunto eso en una charla, usualmente muchas personas responden antes que yo, y siempre me encuentro con muchas sonrisas cómplices, y cabezas asintiendo. Entonces, finjo sorpresa y pregunto, ¿cómo lo supieron? Obviamente no soy el único que ha experimentado el síndrome de la "misma lista." Eso parece ser un problema común.

¿Por qué tendemos a regresar siempre con la misma lista? Existen probablemente muchas razones, incluyendo la realidad de la debilidad humana y la "inclinación al pecado" que la Iglesia llama "concupiscencia," la cual permanece en nosotros incluso después del Bautismo mientras luchamos por alcanzar la santidad a la que el Señor nos llama (cf. *Catecismo* #1426).

Como me dijo un sacerdote, nosotros no deberíamos deprimirnos demasiado por nuestra tendencia a ceder ante las mismas debilidades. "Después de todo," me preguntó con una sonrisa, "a ti no te gustaría regresar siempre con *nuevos* pecados, ¿verdad?"

Pienso, sin embargo, que la razón principal para que sigamos regresando con la misma lista es que no entendemos lo que Cristo quiere hacer en el confesionario. Acudimos al mismo queriendo solo que nuestros pecados sean perdonados, sin darnos cuenta que Él quiere hacer mucho más. Él quiere sanarnos de las actitudes, deseos desordenados, problemas y heridas que hacen que sigamos cometiendo esos pecados.

Y, en caso de que te estés preguntando, ésta no es mi interpretación personal de la confesión inspirada en algún curso de "psicología básica." Ésta es la clara enseñanza de la Iglesia. Si buscas información acerca de la confesión en el *Catecismo*, no la vas a encontrar bajo el acápite de "Perdón," sino bajo el de "Sacramentos de Sanación."

Echemos un vistazo breve al propósito de los sacramentos. Todo sacramento, como nos explica muy claramente el antiguo *Catecismo de Baltimore*, es "un signo exterior instituido por Cristo para conceder la gracia."

"Conceder la gracia." ¿Qué es la gracia? Los cristianos tendemos a usar mucho esta palabra, pero cuesta trabajo encontrar a alguien que realmente sepa explicar lo que es la gracia.

Yo siempre consideré la gracia de manera muy vaga como un tipo de ayuda que Dios nos da. Y hay ciertamente algo de verdad en eso. De hecho, así es como la define en primer lugar el Catecismo al llamarla "el auxilio gratuito que Dios nos da" (#1996).

Sin embargo, el Catecismo continúa explicando por qué Dios nos la da: para "llegar a ser hijos de Dios," compartiendo su naturaleza divina y comenzar *ahora* a vivir la vida eterna (#1996).

> La gracia es una participación en la vida de Dios. Nos introduce en la intimidad de la vida trinitaria.
>
> #1997

Así que la gracia no es solo una ayuda, sino en realidad una nueva forma de vida: la vida eterna de Dios, infundida ahora en nuestra alma "para sanarla del pecado y santificarla" (#1999) para que lleguemos a ser como Él y vivamos Su misma vida.

¡Para sanarla del pecado y santificarla! Nótese que el *Catecismo* no dice para perdonarla del pecado, sino para *sanarla y santificarla* (hacerla santa).

¿Qué significa todo esto? Significa que, ya que el propósito de todo sacramento es conceder la gracia, y el propósito de la gracia es sanar y santificar, entonces el objetivo último de todo sacramento es sanarnos y hacernos santos para que lleguemos a ser como Dios.

Sin embargo, cada uno de los sacramentos tiene también su propio carácter específico, efectos, y formas de celebración.

Bautismo, Confirmación, y Eucaristía, por ejemplo, son llamados sacramentos de la Iniciación Cristiana porque su objetivo particular es iniciarnos en la vida cristiana y darnos todas las gracias que necesitamos para perseverar y crecer en ese modo de vida (cf. *Catecismo*, #1212, 1535).

Orden Sacerdotal y Matrimonio se centran en ayudar a otros a recibir la salvación y, con vistas a ese fin, confieren una particular consagración a los que los reciben, capacitándolos para cumplir los deberes propios de su estado de vida (cf. *Catecismo*, #1534-35).

Los otros dos sacramentos se denominan sacramentos de sanación, porque se dirigen específicamente a la continuación del ministerio de sanación de Cristo.

Así pues, aunque el objetivo último de todo sacramento es la sanación y la santificación, el sacramento de la Reconciliación es uno de los dos sacramentos *específicamente* dirigidos hacia ese objetivo:

El Señor Jesucristo, médico de nuestras almas y de nuestros cuerpos, que perdonó los pecados al paralítico y le devolvió la salud del cuerpo, quiso que su Iglesia continuase, en la fuerza del Espíritu Santo, su obra de curación y de salvación... Esta es finalidad de los dos sacramentos de curación: del sacramento de la Penitencia y de la Unción de los enfermos.

Catecismo, #1421

Me encanta este pasaje del *Catecismo* porque nos presenta la imagen de Cristo, no como un juez severo, sino como el gran médico que posee la autoridad y el poder de sanar tanto nuestras almas como nuestros cuerpos.

El pasaje hace referencia a la maravillosa escena evangélica del paralítico que es traído ante Jesús por sus amigos. Como la multitud les impide llegar a Él, abren un agujero en el tejado de la casa donde Jesús estaba predicando y, a través del mismo, descienden al enfermo hasta la presencia de Jesús.

Ellos esperan, por supuesto, que Jesús lo sane de su parálisis física, pero Jesús sorprende a todos, perdonando primero sus pecados para luego sanar su cuerpo (cf. Mc 2, 3-5).

Tenemos mucho que aprender de esta escena. Las dos acciones no están desconectadas. Ambas son realizadas por Jesús en su condición de "médico de nuestras almas y nuestros cuerpos," subrayando que la enfermedad física está a menudo de algún modo relacionada con la enfermedad espiritual y que el pecado, en un sentido muy real, puede paralizarnos.

El perdón de los pecados del paralítico por Cristo puede verse como un primer paso necesario hacia la sanación completa que se realiza cuando el mismo es curado de su parálisis física. Como señala el *Catecismo*:

> El perdón de Dios inaugura la curación.
> ... Jesús vino a curar al hombre entero, alma y cuerpo; es el médico que los enfermos necesitan.
>
> #1502, 1503

Está muy bien, pero antes de seguir adelante, necesitamos aclarar dos concepciones erróneas bastante comunes. La primera tiene que ver con la relación entre enfermedades físicas y el pecado. Existe una conexión real entre alma y cuerpo, y como mencioné antes "la enfermedad física está a menudo relacionada con la enfermedad espiritual." Pero esto no significa que cada vez que te enfermas es por algún pecado que has cometido. Cristo deja esto bien claro después de otra sanación espectacular: la del ciego de nacimiento.

Mientras pasaban junto al hombre, los discípulos de Jesús, influenciados por la enseñanza rígida de los rabinos, quienes sostenían que toda enfermedad es el resultado del pecado de alguien, le preguntan a Jesús de quién fue la culpa para que ese hombre naciera ciego.

Jesús rechaza la enseñanza errónea y aclara que la enfermedad no es causada necesariamente por el pecado, sino que ésta puede ser permitida — y en algunos casos, sanada — como parte del plan y propósito de Dios.

> Y sus discípulos le preguntaron, diciendo: "Rabí, ¿quién pecó, éste o sus padres, para que naciera ciego?" Jesús respondió: "Ni éste pecó, ni sus padres; sino que está ciego para que las obras de Dios se manifiesten en él."
>
> Jn 9, 2-3

Jesús entonces sana al hombre devolviéndole la vista, pero solo después de autoproclamarse como "la luz del mundo" (Jn 9, 5). La curación de la ceguera física del hombre confirma así la reivindicación de Jesús como luz del mundo y simbólicamente revela su capacidad y su intención de traer luz y sanación también a nuestras cegueras espirituales.

La segunda concepción errónea tiene que ver con la importante distinción entre sanación y curación. Ya que las Escrituras nos presentan muchos ejemplos de sanaciones físicas espectaculares, podríamos llegar a pensar que toda sanación implica una curación física. Pero esto no es verdad. El contacto de Cristo siempre es sanador, especialmente por medio de los sacramentos, en los cuales Él "continúa tocándonos para sanarnos" (*Catecismo*, #1504). A veces, como en los ejemplos que acabamos de ver, su sanación también incluye una curación física. Pero su principal interés es siempre sanar nuestra enfermedad espiritual, la miseria moral que proviene del pecado.

Cristo no siempre cura toda dolencia. Él ofrece siempre su amor sanador a los que sufren, pero no siempre alivia sus sufrimientos o curas sus enfermedades.

> Conmovido por tantos sufrimientos, Cristo no sólo se deja tocar por los enfermos, sino que hace suyas sus miserias: "El tomó

nuestras flaquezas y cargó con nuestras enfermedades." No curó a todos los enfermos. Sus curaciones eran signos de la venida del Reino de Dios. Anunciaban una curación más radical: la victoria sobre el pecado y la muerte.

Catecismo, #1505

Cristo mismo, enfatizando la relación entre pecado y enfermedad moral, explícitamente interpretó su ministerio como un ministerio de sanación espiritual. Cuando los fariseos lo criticaban por asociarse con reconocidos pecadores, el respondía:

Los que están sanos no tienen necesidad de médico, sino los que están enfermos. ... Yo no he venido a llamar a a los justos, sino a los pecadores.

Mt 9, 12-13

Esta imagen de Cristo como médico, aparece a todo lo largo del *Catecismo* y es relacionada específicamente con el ministerio de sanación de Cristo por medio del sacramento de la Reconciliación. En el confesionario,

Él es el médico que se inclina sobre cada

uno de los enfermos que tienen necesidad
de él para curarlos.

#1484

Santa Faustina, en su enseñanza sobre la confesión
también enfatiza la naturaleza sanadora de este sacramento y ofrece ulteriores consideraciones acerca de su
propósito y de sus efectos.

Ella sostiene que debiéramos acudir a la confesión
por dos motivos:

1. Nos confesamos para ser sanados;
2. Nos confesamos para ser educados: nuestras
almas necesitan una continua educación,
como el niño pequeño.

Diario, 377

Sanación y educación. Fíjate como ella no hace
referencia alguna al pecado o al perdón. ¿Por qué no?

Porque ella sabe que el pecado nos causa heridas y, aún
después que nuestros pecados son perdonados, permanecemos heridos, confundidos, y débiles espiritualmente.

El perdón de nuestros pecados es absolutamente
necesario para nuestra salvación, es por eso que necesitamos confesarlos. Pero debemos entender que el perdón

no es el fin último o exclusivo de la confesión. Es sólo el ineludible primer paso en un proceso integral. Como ya hemos visto en el *Catecismo*, "el perdón inicia la sanación" (#1502).

Necesitamos despojarnos de una visión simplista de la confesión como una especie de fórmula mágica que produce una "reparación" instantánea del pecado:

> ¡Ay! Lo eché todo a perder otra vez y caí en pecado grave ... No hay problema. Me voy al confesionario a contar mis pecados al sacerdote. Él repite las palabras de absolución trazando sobre mí un signo de bendición con la mano, y ¡puf! Mis pecados son perdonados. ¡Ya estoy mejor del todo!

¡Pero no estoy mejor del todo! Ni tú tampoco. El perdón solo no basta, porque nuestras heridas y nuestra falta de comprensión hacen que sea muy difícil evitar otros pecados.

¡La Confesión no está destinada a ser una reparación instantánea! Está destinada a ser un proceso de sanación y educación que nos ayuda a crecer para que no sigamos cayendo una y otra vez en los mismos viejos hábitos de pecado, es decir, la misma lista.

Apuesto que cuando estabas aprendiendo por primera vez como confesarte, nadie te mencionó que la educación era parte del proceso. Sin embargo, el Papa Juan Pablo II se refiere a la confesión como "un sacramento de iluminación, ... una luz preciosa en el camino hacia la perfección." Y el Papa Benedicto XVI es aún más específico, acentuando que el sacerdote no está allí solo para conceder la absolución, sino que está "llamado a asumir el papel de padre, guía espiritual, maestro, y educador."

Para mí, la letra de un antiguo himno capta mejor lo que Cristo quiere hacer por nosotros por medio de la confesión:

> Alabe mi alma al Rey Celestial;
> A sus pies su tributo presente;
> Rescatado, sanado, restaurado, perdonado,
> Eternamente Sus alabanzas cante.

"Rescatado, sanado, restaurado, perdonado." Esto es lo que se supone que ocurra para ti y para mí en el confesionario.

¿Rescatado? ¡Sí! Tú has sido secuestrado. Tus pecados te mantienen en cautiverio en el reino de las tinieblas. En la cruz, Cristo pagó tu rescate de justicia al Padre.

Tomando sobre Sí mismo el justo castigo que tus pecados merecieron, y ofreciendo Su sufrimiento al Padre en expiación por tus pecados, Él te obtuvo el perdón y te rescató.

Sin embargo, continúas herido y débil, y has perdido mucho — tu salud, tu fuerza, tu inocencia, tu semejanza con Dios — así que necesitas no solo ser perdonado, sino sanado y restaurado.

El *Catecismo* nos ofrece una clara explicación acerca de los efectos del pecado y el deseo de Jesús de restaurarnos:

> Desfigurado por el pecado y por la muerte, el hombre continúa siendo "a imagen de Dios," a imagen del Hijo, pero "privado de la Gloria de Dios," privado de la "semejanza." …
> El Hijo mismo asumirá "la imagen" y la restaurará en "la semejanza" con el Padre volviéndole a dar la Gloria, el Espíritu "que da la Vida."
>
> #705

Cuando pecamos, nos herimos a nosotros mismos; nos desfiguramos, de tal manera que, a pesar de que fuimos creados para ser semejantes a Dios, ya no nos parecemos más a Él. No nos *vemos* como Él, no *pensamos* como Él, no *actuamos* como Él.

Jesús quiere restaurarnos en la semejanza con el Padre. ¿Cómo? Por medio del sacramento de la Reconciliación. Él le dijo a Santa Faustina que los más grandes milagros tienen lugar en el confesionario, y que no hay pecador que no pueda ser restaurado:

> Aunque un alma fuera como un cadáver descomponiéndose de tal manera que desde el punto de vista humano no existiese esperanza alguna de restauración y todo estuviese ya perdido. No es así para Dios. El milagro de la Divina Misericordia restaura a esa alma en toda su plenitud.
>
> *Diario*, 1448

Como mencioné en el Secreto 1, Dios no centra su atención en nuestro pecado, sino en nuestra relación con Él. Él se centra en nuestro dolor, en nuestras heridas. ¡Él sabe lo que es el pecado! Él sabe que el pecado es miseria, es enfermedad. Él sabe que nos duele, y Él quiere sanarnos y restaurar todo lo que se ha perdido.

Echémosle otro vistazo a la parábola del hijo pródigo. Habiéndose apartado de su padre, el hijo acabó derrochando su herencia y perdiéndolo todo, y por último quedó reducido a la más completa pobreza y al hambre.

Sin embargo, oculta bajo la superficie de estas pérdidas materiales, subyace una mayor tragedia: "el drama de la dignidad perdida, la conciencia de la filiación echada a perder." (*Rico en Misericordia #5*).

Al inicio, parece que la decisión del hijo de regresar a su padre está impulsada solo por el hambre y la pobreza, pero el Papa Juan Pablo II señala que este motivo "esta permeado por la conciencia de una pérdida mayor," la pérdida de su dignidad de hijo.

El hijo se da cuenta de que a causa de su pecado, el rechazo voluntario a su padre, ya no merece ser más el hijo de su padre:

> Padre, he pecado contra el cielo y contra ti, ya no merezco ser llamado hijo tuyo.
>
> Lc 15, 21

Pero lo que él no sabía hasta el momento en que su padre corrió para abrazarlo es que la misericordia va más allá de la justicia; la misma es el amor derramado sobre aquellos que no lo merecen.

El amor se transforma en misericordia, cuando hay que superar la norma precisa de la justicia: precisa y a veces demasiado estrecha.

Rico en Misericordia, #5

Tal amor es capaz de inclinarse hacia todo hijo pródigo, toda miseria humana y singularmente hacia toda miseria moral o pecado. Cuando esto ocurre, el que es objeto de misericordia no se siente humillado, sino como hallado de nuevo y "revalorizado."

Rico en Misericordia, #6

Así pues, si esto es lo que realmente Dios quiere, si Él no se centra en nuestro pecado, sino que simplemente quiere sanarnos y restaurarnos (aún cuando no lo merecemos), entonces, ¿por qué tenemos que confesar nuestros pecados?

Porque Dios nos creó libres y Él no nos impone nada, ni siquiera Su amor, Su perdón, Su sanación. Cuando estamos enfermos necesitamos ir al doctor:

Cuando los fieles de Cristo se esfuerzan por confesar todos los pecados que recuerdan, no se puede dudar que están presentando ante la misericordia divina para su perdón todos los pecados que han cometido. Quienes actúan de otro modo y callan conscientemente algunos pecados, no están presentando ante la bondad divina nada que pueda ser perdonado por mediación del sacerdote. Porque si el enfermo se avergüenza de descubrir su llaga al médico, la medicina no cura lo que ignora.

Catecismo, #1456

Quizás el mejor ejemplo de esto es la historia del fariseo y el publicano (cf. Lc 18, 9-14). El publicano, con su humildad de corazón, sabe que es un pecador. Él sabe que está enfermo, así que pide al Señor que tenga misericordia de él. El fariseo, en cambio, lleno de orgullo, piensa que está sano:

"Hola doctor. Me siento estupendamente. Me siento muy contento de no estar enfermo como ese pobre publicano."

Cegado por su arrogancia y su orgullo, el fariseo no reconoce el triste estado de su pobre alma. No puede recibir la sanación porque no sabe que está enfermo y no expresa ninguna necesidad.

El Papa Benedicto XVI, en una de sus alocuciones

durante el *Angelus*, nos da una poderosa enseñanza acerca de este tipo de ceguera moral que bloquea la sanación que Cristo quiere darnos por medio de la confesión.

Refiriéndose al pasaje evangélico que vimos antes en el que Cristo sana al ciego de nacimiento, el Papa explica:

> Al ciego curado Jesús le revela que ha venido al mundo para realizar un juicio, para separar a los ciegos curables de aquellos que no se dejan curar, porque presumen de sanos… Dejémonos curar por Jesús, que puede y quiere darnos la luz de Dios. Confesemos nuestra ceguera.

Y como sencillamente lo expresa el *Catecismo*:

> En la confesión, nos dejamos sanar por Cristo.
>
> #1458

Si acudimos al confesionario solo para confesar nuestros pecados y recibir el perdón, limitamos la experiencia que Dios quiere para nosotros.

Pero si vamos a confesar todo — sí, nuestros pecados, pero también nuestra miseria: nuestra enfermedad, nuestros quebrantos, nuestras heridas — entonces no solo recibimos el perdón sino también iniciamos un proceso de profunda sanación que nos restaurará como hijos del Padre.

No hay para mí imagen más poderosa de la confesión que la imagen del hijo pródigo envuelto en el abrazo de su padre. La Confesión es cuando nuestra miseria se encuentra con su misericordia, y todo es restaurado en el abrazo del Padre.

$\mathcal{S}$ECRETO 3
Tu Pecado no es Igual a mi Pecado

Al que mucho se le da, mucho se le reclamará;
y al que mucho se le confía, más se le pedirá.

Lc 12, 48

Hacer un examen de conciencia antes de ir a confesarme solía ser algo bastante fácil para mí. Gracias a mi crianza en los valores morales y al buen ejemplo de mis padres, mi conciencia había sido bien formada y poseía la capacidad de discernir lo que estaba bien y lo que estaba mal. También por las clases de *Catecismo* en la escuela elemental y las clases de Teología en la escuela media, yo conocía los diez mandamientos y había aprendido las enseñanzas básicas de la Iglesia. Debido a que en ese entonces yo consideraba el pecado como un mal comportamiento, resultaba, pues, un proceso bastante simple el identificar las cosas que había hecho mal y clasificarlas mentalmente en veniales o mortales.

Sin embargo, una vez que comencé a darme cuenta de que el pecado no es solo un mal comportamiento sino un rechazo al amor de Dios, y que la confesión no es solo para el perdón sino para la sanación, todo cambió. Mi examen se hizo más complejo pero también más fructífero.

Mi lista aún incluía comportamientos, pero en ese momento comencé a considerar todo lo que no parecía estar bien en mi relación con Dios, examinando profundamente mi vida cotidiana y haciéndome preguntas difíciles.

¿En qué áreas de mi vida no me siento en paz? ¿Dónde me siento irritado, deprimido, desanimado, ansioso, amargado o resentido? ¿Dónde me encuentro demasiado centrado en mí mismo? ¿Qué áreas de mi vida, de mis pensamientos, de mis deseos, no he sometido aún al señorío de Jesús? ¿De qué aspectos de mi vida no quisiera hablarle a Jesús? ¿Qué no quisiera que el viera? ¿De qué maneras no estoy respondiendo a lo que Dios quiere que haga?

Cuando comencé a hacerme este tipo de preguntas, gradualmente aprendí a reconocer lo que el P. David Knight llama las 'raíces' del mal comportamiento, las raíces del pecado:

> "… actitudes distorsionadas, falsos valores, prioridades equivocadas, apetitos desordenados, o deseos destructivos."

Mientras crecía en mí esta conciencia más profunda acerca del pecado, tuve que dejar atrás la concepción errónea de que el pecado es siempre lo mismo.

Hay ciertas acciones que son malas y siempre serán malas. Si la Iglesia las clasifica como veniales serán siempre veniales y si las clasifica como mortales serán siempre mortales no importa quién las cometa, o porqué o cuáles sean las circunstancias. El pecado es pecado, ¿no es cierto?

¡Falso! La clasificación de los pecados por parte de la Iglesia es importante y nos puede ayudar a formarnos una recta conciencia y a identificar las áreas problemáticas en nuestra vida. Sin embargo, la enseñanza de la Iglesia acerca del pecado va más allá de la mera clasificación de comportamientos en distintas categorías.

Por supuesto que hay acciones que son intrínsecamente malas. La verdad no es relativa, ésta no cambia con el tiempo o las circunstancias. Si una acción es mala, siempre será una acción mala. Pero el pecado no es lo mismo para todos. Lo que es pecaminoso para mí, puede no ser pecaminoso para ti; lo que es un pecado mortal para mí, puede no ser más que un pecado venial para ti.

Si aún esto no tiene ningún sentido para ti, no entres en pánico ni me arrojes a los leones. Ten un poquito de paciencia conmigo y echémosle un vistazo a la doctrina de la Iglesia.

Al comienzo de su enseñanza sobre el pecado en el Artículo 8, el *Catecismo de la Iglesia Católica* nos recuerda varias verdades fundamentales. El pecado es real; todos somos culpables de pecado; sus efectos son tan mortíferos que Cristo tuvo que morir para librarnos de ellos; y para recibir los beneficios de la obra salvífica de Cristo, tenemos que reconocer nuestras faltas y confesarlas como pecados:

> La acogida de su misericordia exige de nosotros la confesión de nuestras faltas. "Si decimos que no tenemos pecado, nos

engañamos y la verdad no está en nosotros."
(1 Jn 1, 8).

#1847

Una de las cosas que nos impide reconocer nuestros pecados es nuestro fallo en reconocer a Dios. Vivimos en una sociedad globalizada en la que el problema no es que la gente no crea en Dios, sino que incluso muchos cristianos "religiosos" practicantes simplemente lo ignoran en su vida diaria. Como escribe el Papa Juan Pablo II:

> Pecar no es solamente negar a Dios; pecar es también vivir como si Él no existiera, es borrarlo de la propia existencia diaria.
>
> *Reconciliación y Penitencia*, #18

Él nos explica que vivir en semejante sociedad trae como resultado una "pérdida gradual del sentido del pecado." Al despersonalizar nuestra relación con Dios terminamos perdiendo la conciencia de la responsabilidad personal por nuestras acciones.

El pecado es real. Todos lo cometemos. Y esto sucede cuando le damos la espalda a Dios viviendo como si su existencia no tuviera ninguna consecuencia para nuestra vida. Necesitamos darnos cuenta que cada una de nuestras acciones fortalece nuestra relación con Dios o la debilita.

Es esta relación intensamente personal, de tú a tú con Dios, la que hay que tener en cuenta si queremos comprender la naturaleza del pecado. Donde no hay personas, no hay pecado. Piénsalo por un momento. ¡Hace falta una *persona* para cometer pecado! Y cada pecado es un rechazo personal a la singular, única, e íntima relación con Dios a la que cada uno de nosotros es llamado.

Si nos centramos únicamente en el comportamiento, considerando el pecado simplemente como malas acciones y juzgando su gravedad de acuerdo a su clasificación en mortales o veniales, perdemos de vista la realidad más profunda. No podemos despersonalizar el pecado. El enfoque central tiene que ser siempre nuestra relación persona a persona con Dios.

¿Significa esto que la Iglesia se equivoca al identificar determinados comportamientos como mortales o veniales, asignándoles diversos grados de gravedad para que podamos así considerar algunas acciones como pecados "menores" y otras como pecados "graves"?

Por supuesto que no. La Iglesia rectamente presenta esta clasificación del pecado como una guía para nosotros, especialmente para que formemos nuestras conciencias y adquiramos un claro sentido de lo que está bien y lo que está mal. Pero esto es solo el comienzo. Necesitamos también crecer en nuestra comprensión de lo que hay detrás de las normas, porqué éstas nos han sido dadas, y como las mismas se relacionan directamente a lo que somos y estamos llamados a ser para Dios y para los demás.

Cuando nos quedamos atrapados en las normas, sin esa comprensión más profunda, nos podemos volver demasiado rígidos y legalistas, centrándonos en el comportamiento y considerando a Dios únicamente como aquel que nos va a castigar o premiar por lo que hemos hecho.

"Oh, esto es solo un pecado venial," pensamos. "No es tan importante. Dios no se va a enojar mucho. Esta otra acción sí que sería un pecado mortal y merecería un castigo serio."

Si nos permitimos pensar de esta manera, considerando solo lo correcto o incorrecto de la acción en sí misma, sin tener en cuenta a la persona individual y a las circunstancias particulares, olvidamos la parte más importante de la enseñanza de la Iglesia.

Una acción no se convierte en pecado mortal o venial a causa de lo que *es* (y por tanto del castigo que merece) sino más bien a causa de lo que *hace*. Los pecados veniales y los pecados mortales *hacen* cosas diferentes.

¡Cuánto nos puede cambiar esta comprensión! Dios ha derramado su amor en nuestros corazones, y hemos sido llamados a vivir en ese amor y a expresarlo en nuestras acciones (caridad). La Iglesia enseña que cada pecado venial hiere o debilita esa caridad dentro de mí. El pecado mortal, por su lado, no simplemente hiere la caridad, sino que la *destruye* (cf. *Catecismo*, #1855).

Esto no es solo una cierta doctrina teológica abstracta. ¡Es bien real! ¿Nunca has notado que cuando caes en pecado mortal, te descubres a ti mismo siendo más impaciente, falto de amor, crítico de los demás, y apático? ¡Por supuesto! ¡La caridad en tu corazón ha sido destruida!

Así pues, ¿qué es lo que hace que un pecado sea mortal? Tres cosas:

1. El acto es una *grave (muy seria) violación* que es mortal a mi alma porque mata el amor que Dios ha puesto en mi corazón y me separa de Él;

2. Yo *sé* cuán serio es, cuán opuesto es a
la ley de Dios;

3. A pesar de mi plena conciencia, *opto
personal y voluntariamente* por hacerlo de
cualquier manera.

cf. *Catecismo*, #1857

Lo que hace que esta "grave violación" de la ley de
Dios sea mortalmente pecaminosa es mi *voluntad*, mi
deseo de no responder a Dios, que me lleva consciente y
deliberadamente a oponerme seriamente a *Su voluntad*.

Por favor, no me malinterpreten. Esto no quiere decir
que para cometer un pecado mortal yo tenga que enfo-
carme específicamente en la intención de ponerme en
contra de Dios. De hecho mi pecado "oculto" y quizás
más profundo es que no estoy enfocado en Dios en lo
absoluto. Yo puedo simplemente estar enfocado en algo
que deseo hacer, ignorando a Dios completamente, y
apartándolo por conveniencia lejos de mi mente para que
pueda satisfacer mi deseo sin sentirme culpable. Como
escribe Juan Pablo II,

Se comete, en efecto, un pecado mortal
cuando el hombre, sabiendo y queriendo

elige, por cualquier razón, algo gravemente desordenado. En efecto, en esta elección está ya incluido un desprecio del precepto divino, un rechazo del amor de Dios hacia la humanidad y hacia toda la creación.

Reconciliación y Penitencia, #17

Nuestra capacidad de amar depende de nuestra relación con Dios. Mientras más cercana es mi unión con El, más capaz soy de actuar como Él, de amar como Él. Cada vez que elijo rechazar las leyes de Dios, cada vez que elijo hacer algo que no es conforme a su voluntad, mi relación con Él sufre porque me he alejado de Él y me he apartado, en diversos grados, de Su bondad que está en mí.

Así pues, al examinar la gravedad de mi pecado no debería detenerme solo en considerar el lugar que ocupa esa acción en una determinada lista, sino mas bien debiera preguntarme, "hasta que punto he herido el amor de Dios que habita en mí?" "¿Hasta qué punto me he separado de una sana relación con Dios?"

Para determinar esto, necesito tener en cuenta la *dimensión personal del pecado*, hasta que punto soy culpable de haberme alejado conscientemente de Dios.

Probablemente has oído hablar de "circunstancias

atenuantes." Según la enseñanza de la Iglesia, el grado de responsabilidad o culpabilidad en que incurro por haber cometido una ofensa grave puede ser "atenuado" (o sea "disminuido") por varias circunstancias que incluyen "ignorancia involuntaria, … el impulso de los sentimientos y las pasiones, … las presiones externas … (y) condiciones patológicas."

De esta manera, los pecados de los que soy más culpable son aquellos que cometo no por debilidad sino, por malicia; es decir, cuando escojo deliberadamente el mal (cf. *Catecismo* #1860).

¿Qué significa todo esto? Significa que, aunque podamos juzgar legítimamente que la acción de una persona es en sí misma una ofensa grave, tenemos que dejar el juicio de la persona a Dios (cf. *Catecismo* #1861).

Cuando cometes una acción que es, por su misma naturaleza, seriamente grave, solo Dios puede saber si la has cometido con total conocimiento y consentimiento pleno. Solo Dios puede determinar cuán completa y deliberadamente estas rechazando el vínculo de amor entre tú y Él, y entre tú y otras personas. Solo Dios puede juzgar con precisión si ese pecado — *para ti* — es mortal o venial (cf. *Catecismo* #1862).

¡Finalmente! Ahora si nos estamos acercando al tema del presente capítulo: tu pecado no es igual al mío porque lo que es un pecado mortal para mí puede ser solo un pecado venial para ti; lo que es un pecado mortal para ti puede ser solo un pecado venial para mí. Ambos podemos cometer las mismas malas acciones, pero el grado de culpabilidad personal por dichas acciones puede variar enormemente.

Dios ve cada pensamiento, palabra, o acción, sean grandes o pequeños, con total claridad. Dios — y solo Dios — es consciente de todas las circunstancias que rodean las acciones que realizas, y Él es consciente de todo lo que hay en tu mente y en tu corazón cuando las realizas. Por consiguiente, solo Dios puede juzgar cuán culpable eres y cuán mortalmente has pecado.

Ahora, si solo Dios puede juzgar, ¿cómo puedo entonces determinar lo que es bueno y lo que es malo? ¿Cómo puedo saber cuándo necesito ir a confesarme antes de recibir la Comunión? ¿Cómo puedo adecuadamente examinar mi conciencia?

Como mencioné antes, las directrices de la Iglesia, por medio de sus enseñanzas, por medio del *Catecismo*, son un buen punto de partida. Pero necesito además examinar donde me encuentro en mi relación con Dios a un nivel personal.

Quizás un ejemplo nos puede ayudar. Un poco antes en este mismo capítulo subrayé que el centro de nuestra atención tiene que estar en nuestra relación de persona a persona con Dios. Profundicemos un poco más en esto.

Si te despiertas en medio de la noche y no puedes volver a conciliar el sueño, ¿sería un pecado no dedicar ese tiempo a la oración?

¡Por supuesto que no! No hay mandamiento, no hay enseñanza de la Iglesia que diga que tienes que orar si te despiertas en medio de la noche.

Y si fueras a ir al confesionario a confesarte de que te despertaste por la noche y no oraste por alguien, el sacerdote probablemente te miraría sorprendido como si tuvieras dos cabezas en lugar de una y te diría que eso no es pecado (aunque me gustaría que te hiciera algunas preguntas antes).

Sin embargo, en mi caso, hubo un tiempo en que eso sí hubiera sido pecado.

Yo nunca había tenido problemas para dormir. Pero en un cierto momento de mi vida comencé a despertarme todas las noches y a tener problemas para volver a conciliar el sueño. Eso me intrigaba y me molestaba, pues parecía ser algo más que un problema meramente físico. Percibía de algún modo que había alguna razón para que me sucediera eso, pero no podía descubrirla.

Cuando se lo mencioné a mi director espiritual, este lo pensó por un momento y después tranquilamente me preguntó: Vinny, ¿has pensado que Dios pudiera estar pidiéndote que ores por alguien?

Tan pronto como me hizo esa pregunta, lo vi todo claramente. No tuve ni siquiera que pensar en ello. Estaba totalmente convencido de que eso era lo que me estaba pasando.

A partir de ese momento, siempre que me despierto, comienzo a orar por cualquiera que necesite oración (desconocido para mí, pero conocido para Dios). Usualmente me quedo dormido después de poco tiempo, pero en vez de sentir irritación, ahora siento paz.

Si durante ese tiempo me hubiera despertado sabiendo que Dios quería que orara y no lo hubiera hecho, entonces eso habría sido pecado para mí. ¿Mortal? ¿Venial? No lo sé, y no me importa. Eso habría sido un rechazo directo y consciente a responder a Dios, y eso siempre es pecado, siempre es nocivo, y dañino para mi relación con Dios.

Necesitamos recordar que el pecado no solo tiene que ver con las acciones, con las normas y las regulaciones, y que no es igual para cada uno. Es algo muy personal y propio de la relación única de cada uno con Dios. Uno de los pasajes de la Escritura que más me asustan es este:

> Al que mucho se le da, mucho se le reclamará; y al que mucho se le confía, más se le pedirá.
>
> Lc 12, 48

Dios pide — y espera — que cada uno de nosotros actúe de acuerdo a las capacidades, conciencia, y experiencias propias, únicas, y personales que Él nos ha dado. En verdad, hay ciertas cosas comunes que Dios nos pide a todos, por eso tenemos que observar los mandamientos y las enseñanzas de la Iglesia.

Pero hay otras cosas — muchas de ellas — que Dios me pide a mí día tras día y que no te pide a ti, y otras cosas que te pide a ti y no me pide a mí.

Imagínate que tú y yo estamos jugando a las cartas. Dios es el que reparte las cartas. El te da a ti una particular mano de cartas y a mí otra diferente. Él no espera que tu juegues con mis cartas ni yo con las tuyas. Él espera que cada uno de nosotros juegue con las cartas que ha recibido. Si tú has recibido un par de tres y yo tres ases, el esperara mucho mas de mí.

Para lograr un crecimiento real en santidad, yo necesito desarrollar una espiritualidad singularmente personal y *positiva*. Es importante reconocer lo bueno y lo malo y luchar contra todas las tentaciones y adicciones que nos puedan llevar a los pecados graves de orgullo, ira, lujuria, ambición, glotonería, etc. Pero no es suficiente quedarme en una lista de cosas que *no debiera* hacer.

Necesitamos algo más profundo. Es verdad, Dios quiere que evite los malos pensamientos, palabras, y obras. Pero hay también cosas singulares y personales que Dios me está pidiendo que haga en cada momento, que pueden ser diferentes de las cosas que él está pidiendo hacer a otra persona. Es esta dimensión personal la que muchas veces perdemos de vista en nuestra relación con Dios.

Yo soy el padre de siete hijos, y los amo a todos. Pero no solo a "todos." Yo amo a "cada uno." Yo los amo a todos por igual, pero amo a cada uno de manera diferente. Cada uno es una persona completamente única, y si yo intento tratarlos a todos de manera idéntica, sería un desastre. De esta manera, mi relación con cada uno de ellos se ha ido transformando gradualmente en una relación personal, de uno en uno, que es diferente del resto.

En el Secreto 1, expuse como Dios no es solo nuestro *creador*, sino nuestro *Padre*, y que tú y yo no somos creaciones fortuitas o accidentales. Se tuvo la *voluntad* de que existiéramos, se nos trajo *paternalmente* a la vida. Necesitamos comprender realmente lo que eso significa.

Tú existes porque Dios, el Padre, quiso que fueras su hijo. Conociendo de antemano todos los millones de personas diferentes que hubieran podido haber nacido de tu padre y de tu madre, Él te eligió a ti. Él quiso que tú nacieras. Él te ama de manera diferente de como pudiera haber amado a alguien más y Él quiere ser tu Padre para guiarte por un camino personal de santidad que te llenará de alegría y te hará capaz de estar con Él para siempre. La Escritura nos lo deja bien claro:

> Antes de formarte en el vientre de tu madre te conocí (Jer 1, 5). … Mira, en la palma de mis manos te llevo grabado (Is 49, 16). … Con amor eterno te he amado (Jer 31, 3). … Mucho vales a mis ojos, eres precioso y

yo te amo (Is 43, 4). ... Hasta los cabellos de
tu cabeza están contados (Mt 10, 30). ... Yo
seré un padre para ti (2 Cor 6, 16). ... Me
buscarán y me hallarán, porque me habrán
buscado con todo el corazón (Jer 29, 12).

¡Con todo tu corazón! Cristo nos llama no simplemente a evitar el pecado sino a buscar a Dios con todo
nuestro corazón. En cada encrucijada de mi vida, en los
grandes y pequeños momentos decisivos, Dios el Padre
me da la gracia, por medio de Jesucristo, con el poder del
Espíritu Santo, para responder de acuerdo a Su voluntad
para mí en cada momento. Dejar de responder es pecado
— pecado que me empuja fuera del camino personal de
santidad que El ha elegido para mí. Se trata de un rechazo
a que Dios sea mi Padre.

Todo se reduce a esto: ¿voy a pasar mi vida cumpliendo
mecánicamente con lo que se puede o no se puede hacer,
o voy a responder al amor personal de Dios Padre y hacer
todo lo que él me pide hacer en cada momento?

Imagina a Pedro dándote la bienvenida en las puertas
del cielo. Él saca un grueso volumen de la estantería y
comienza a recorrer sus páginas hasta que encuentra tu
nombre. Su rostro se ilumina momentáneamente con

una sonrisa de aprobación:

"Está muy bien, veo que has trabajado duro para resistir la tentación y evitar los pecados graves."

Él pasa una página y luego otra y otra. ¡Hum! Levanta la vista tristemente: "pero hay una gran cantidad de cosas que no has hecho."

¡Ay! Esto me recuerda como me siento al comienzo de la Misa. Hay una frase del "Confiteor," durante el rito penitencial, que se me viene encima y me golpea. Es la parte donde, junto al sacerdote y al resto de la congregación, yo confieso que he pecado de pensamiento, palabra, obra, y omisión.

¿Has pensado alguna vez en esta última palabra? ¿Cuántas veces, mientras nos preparamos para la confesión, pensamos en las cosas que hemos dejado de hacer? Al identificar y reconocer las malas acciones que hemos hecho, ¿tratamos también de descubrir las buenas acciones que hemos omitido?

"Todo pecado," escribe el P. David Knight, "es simplemente dejar de responder como debiéramos."

Es muy fácil quedarse atrapado en una mentalidad de "no harás," en la que nos centramos primordialmente en las cosas que no debiéramos hacer, tratando de hacer lo mejor que podamos para evitar el mal y abstenernos de pensamientos, palabras, y obras que no son buenos.

¿Eso está mal? Por supuesto que no. Pero hay un nivel mayor de conciencia, de esfuerzo en el cual tratamos de centrarnos en las cosas que debiéramos hacer en cada momento. En otras palabras, no pensamos en el "no harás," sino en "¿qué quiere Dios que haga? ¿Qué puedo hacer para agradarle?"

Esto es algo mucho más personal, porque involucra una relación de tú a tú con Dios, por lo cual trato de escuchar y responder, no a un conjunto exterior de normas, sino a la conciencia interior de lo que Dios me está llamando a hacer en cada momento.

¡Felicitaciones! Has llegado al final de este capítulo. Este es el capítulo mas difícil, porque hay mucho contenido. Libros enteros se han escrito exclusivamente acerca de esta materia.

El núcleo de todo lo que hemos visto es éste: necesitamos ir más allá de los mandamientos, más allá de centrarnos únicamente en los comportamientos para centrarnos en nuestra respuesta personal a Dios. Necesitamos imitar la total devoción de Jesús que nos dijo: "El que me ha enviado no me ha dejado solo, pues yo siempre hago lo que le agrada."

Cada uno de nosotros está llamado a "hacer siempre lo que agrada" a Dios, respondiéndole en cada momento de la manera que Él nos llama a responder. No hacerlo es pecado.

Todo se reduce a amar y buscar a Dios con todo tu corazón — no solo evitando el pecado, sino anhelando hacer Su voluntad en todas las cosas.

De manera que, sí, tratemos de cumplir los mandamientos y evitemos hacer cualquier cosa que sabemos que no está bien. Pero también tengamos presente la famosa frase de solo una línea de María en Caná y dejemos que se convierta en el principio que nos guíe en nuestro crecimiento continuo hacia la santidad personal: "Hagan lo que él les diga" (Jn 2,5).

$\mathscr{S}$ECRETO 4

La Confesión No es Nunca
del Todo Privada

Cuando te acercas a la confesión debes saber
que Yo Mismo te espero en el confesionario.

Santa Faustina, Diario, *1602*

$\mathbf{E}$xisten muchas ideas erróneas y malentendidos acerca del Sacramento de la Reconciliación, pero si hay algo que todo el mundo conoce — Católicos y no Católicos por igual — es que la confesión es un asunto totalmente privado entre el penitente y el sacerdote.

A lo largo de los años, ha habido una gran publicidad

y discusión acerca de lo que se conoce como el "sigilo" de la confesión que prohíbe al sacerdote revelar jamás o hacer uso de la información que se escucha en confesión. Como explica el *Catecismo*:

> Todo sacerdote que oye confesiones está obligado a guardar un secreto absoluto sobre los pecados que sus penitentes le han confesado, bajo penas muy severas. Tampoco puede hacer uso de los conocimientos que la confesión le da sobre la vida de los penitentes. Este secreto, que no admite excepción, se llama "sigilo sacramental," porque lo que el penitente ha manifestado al sacerdote queda "sellado" por el sacramento.
>
> #1467

El uso tradicional de una rejilla ha ayudado a que la conversación entre el penitente y el sacerdote sea aún más privada, permitiendo al penitente confesar sus pecados sin ser visto por el sacerdote. Aún después de la introducción de la opción cara a cara, en la que no hay rejilla, el penitente siempre posee el derecho de elegir el método tradicional y así permanecer "incógnito."

La cuidadosa colocación y construcción de los

confesionarios para asegurar la privacidad y el secreto ha sido siempre un tema importante, y en las ocasiones en que las confesiones se escuchan fuera del confesionario o en áreas públicas abiertas, se tiene en cuenta el más mínimo detalle para asegurar que la confesión del penitente no sea escuchada por nadie más.

Pero, en realidad la confesión no es nunca del todo privada. Aunque parezca ser una conversación confidencial, de tú a tú con el sacerdote, hay algo que debieras saber:

Siempre hay otras personas escuchando.

Me encantan las reacciones de sorpresa que recibo de la gente cada vez que menciono esto en una charla. Bocas abiertas, miradas inquisidoras, negaciones de cabeza. Yo siempre me rio y digo: "Bueno, ahora que tengo su atención, déjenme explicarles."

Hablar con un sacerdote en el confesionario no es como hablar con cualquier otra persona. El sacerdote sigue siendo un individuo humano como tú y como yo, pero el mismo no actúa por su cuenta. El actúa in *persona Christi* — en la persona de Cristo.

El Obispo José Gómez, en su carta pastoral La tierna misericordia de Dios nos explica:

> A través de su ordenación, el sacerdote recibe un poder sagrado para participar en el sacerdocio de Cristo. El sacerdote es ungido con el Espíritu Santo y recibe un carácter nuevo y especial, que le permite actuar *in persona Christi Capitis* — en la persona de Cristo, quien es la cabeza de la Iglesia. Esto quiere decir que en el confesionario, el sacerdote, por la gracia de Dios, habla con la misma voz de Cristo. Lo que escuchamos en el confesionario, entonces, son palabras de curación y perdón que el mismo Jesús nos dice, dirigida a nuestras circunstancias individuales.

Como escribí en *7 Secretos de la Eucaristía*, el sacerdote por medio de su ordenación, "no está simplemente autorizado a representar a Cristo, sino que está singularmente y sacramentalmente identificado con Él."

Y eso ¿qué significación tiene? Que no es solo el sacerdote quien escucha tu confesión. Y no es solo el sacerdote quien actúa en tu alma. Es Cristo. Como nos dice Juan Pablo II:

> En el sacramento de la Reconciliación se nos invita a encontrarnos personalmente con Cristo.

El Papa subraya que esto es lo que hace que la confesión individual sea tan necesaria. Porque nos da a cada uno la oportunidad de "un encuentro más personal con el Cristo crucificado que perdona, con el Cristo que nos dice por medio del ministro del sacramento: 'tus pecados te son perdonados, vete y no peques más."

¿Encontrarme personalmente con Cristo? Nunca me enseñaron eso. De niño me enseñaron cómo confesarme y me enseñaron también que si cometía un pecado grave, entonces me tenía que ir a confesar.

Yo aprendí todo acerca del ritual y de las normas, pero nunca escuché nada acerca de ir a encontrarme personalmente con Cristo. Sin embargo, esto es lo más importante que todos debiéramos aprender. Como nos dice el P. Rainiero Cantalamessa, necesitamos aprender a

> vivir la confesión no como un rito, una costumbre, o una obligación canónica que hay que cumplir, sino como un encuentro personal con el Resucitado que nos permite, como a Tomás, tocar sus llagas, sentir en

nosotros la fuerza sanadora del su sangre y gustar el gozo de estar salvados.

Cristo le dejó bien claro esto a Santa Faustina:

Cuando te acercas a la confesión debes saber que Yo Mismo te espero en el confesionario, solo que estoy oculto en el sacerdote, pero Yo Mismo actúo en tu alma.

Diario, 1602

Al igual que la Eucaristía, la confesión es un encuentro encarnado, un encuentro personal con Jesucristo, la Palabra hecha carne. En el confesionario, de un modo diverso pero real, establecemos un contacto personal con el mismo Cristo que recibimos en la Eucaristía.

En la Eucaristía, Cristo está presente para nosotros oculto bajo las apariencias de pan y vino. En el confesionario, Cristo está oculto en el sacerdote. Así como es en realidad Cristo quien consagra el pan y el vino por medio de las palabras del sacerdote, es el mismo Cristo quien nos absuelve de nuestros pecados por medio de las palabras del sacerdote.

Tú te confiesas ante mí; el sacerdote es

solo para Mí una pantalla. No analices de qué tipo de sacerdote Me estoy valiendo y abre el alma al confesarte como lo harías Conmigo, y Yo te llenare tu alma con Mi luz.

Diario, 1725

Así pues, nunca estás totalmente solo con el sacerdote, Cristo también está presente.

Si estas pensando, "¡por supuesto que sí! Yo eso me lo sé," entonces te diré que Él tampoco nunca está solo. Dondequiera que está Cristo, están el Padre y el Espíritu, porque las personas de la Santísima Trinidad no se pueden separar.

En *7 Secretos de la Eucaristía*, dedique un capítulo entero a esta verdad, por tanto aquí nos basta solo presentar algunos pasajes del *Catecismo*:

> La Trinidad es una. No confesamos tres dioses sino un solo Dios en tres personas. … Toda la vida cristiana es comunión con cada una de las personas divinas, sin separarlas de ningún modo.
>
> *#253, 259*

Si tenemos rectitud de corazón, no solo experimentamos a Cristo en la persona del sacerdote sino que recibimos en el confesionario lo que recibimos en la comunión: la misma vida del Dios Trino. Se trata de una recepción real de la comunión espiritual. Recibimos a las Tres Divinas Personas que vienen a habitar en nuestros corazones.

Santa Faustina escribe:

> Cuando me alejé del confesionario, ... la presencia de Dios me penetro por completo. ... En aquel momento, sentí, es decir, distinguí las Tres Personas Divinas que habitaban en mí.
>
> *Diario,* 175

Un poco antes en el mismo *Diario,* la santa había dicho lo mismo acerca de recibir la comunión:

> Por la mañana, después de la Santa Comunión mi alma ha sido sumergida en la Divinidad; estaba unida a las Tres Divinas Personas en tal modo que cuando estaba unida a Jesús, a la vez estaba unida al Padre y al Espíritu Santo.
>
> *Diario,* 1073

Como lo resume el *Catecismo*:

> El fin último de toda la economía divina es la entrada de las criaturas en la unidad perfecta de la Bienaventurada Trinidad. Pero desde ahora somos llamados a ser habitados por la Santísima Trinidad.
>
> #260

¿Recuerdas lo que te compartí en el Prólogo acerca de como yo solía concebir la confesión y la comunión de una manera muy diferente? Cada vez que me daba cuenta que tenía un pecado grave en mi alma, pensaba: *"quiero* ir a comulgar, así que ahora me *tengo que* ir a confesar."

Que tonto me parece eso ahora:

> "¡Oh, no! He pecado, así que ahora tengo que ir a un encuentro personal sanador con la Trinidad, para ser limpiado, sanado, perdonado en el abrazo tierno del amor del Padre, del Hijo, y del Espíritu Santo."

"¿Tengo que ir?" Yo no *tengo que* ir. ¡Yo *quiero* ir! ¡No puedo dejar de ir! ¡La confesión es un don, un don sorprendente! Y si estoy abierto para recibirlo, me llenará

de una nueva alegría, una nueva esperanza, una nueva vida, un nuevo propósito, y una nueva conciencia de cuanto Dios me ama.

No es por accidente que en la fórmula de absolución pronunciada por el sacerdote en el confesionario se mencione dos veces a la Trinidad, recalcando como Dios Padre, enviándonos primero a Jesús y después al Espíritu Santo, nos trae de vuelta hacia Él.

> Dios, Padre misericordioso, que reconcilió consigo al mundo por la muerte y la resurrección de su Hijo y derramó el Espíritu Santo para la remisión de los pecados, te conceda, por el ministerio de la Iglesia, el perdón y la paz. Y yo te absuelvo de tus pecados en el nombre del Padre y del Hijo y del Espíritu Santo.
>
> *Catecismo #1449*

El Papa Juan Pablo II sin lugar a dudas deja bien claro que en el momento de la absolución la Santísima Trinidad se hace realmente presente:

> La fórmula sacramental: "Yo te absuelvo," y la imposición de la mano y la señal de la cruz, trazada sobre el penitente, manifiestan

que en aquel momento el pecador contrito y convertido entra en contacto con el poder y la misericordia de Dios. Es el momento en el que, en respuesta al penitente, la Santísima Trinidad se hace presente para borrar su pecado y devolverle la inocencia.

Reconciliación y Penitencia, #31

El *Catecismo* se refiere también a la fórmula de absolución de la Liturgia Bizantina, la cual menciona del poder del sacramento de la Reconciliación de hacernos comparecer ante el majestuoso tribunal de Dios sin condenación (#1481)

En el *Diario de Santa Faustina*, escuchamos a Jesús usar una frase similar para referirse al "Tribunal de la Misericordia" (1448).

"¿Tribunal de la Misericordia?" Estas palabras parecen ser una contradicción, algo así como "hielo caliente." La palabra *tribunal* parece sugerir una corte judicial en la que se administra justicia, mientras que la palabra *misericordia* evoca amor tierno y perdón.

El Papa Juan Pablo II utiliza exactamente la misma frase que Jesucristo había dirigido a Santa Faustina:

El sacramento es una especie de acto

judicial; pero dicho acto se desarrolla ante un tribunal de misericordia, más que de estrecha y rigurosa justicia.

Reconciliación y Penitencia, #31

Examinemos más detalladamente la palabra *tribunal*. El prefijo *tri*, por supuesto, significa tres, así que la palabra normalmente se entiende como referida a una corte presidida por tres jueces.

La palabra viene del latín *tribunus*, y se refiere primariamente al oficio de tribuno, establecido en la Roma republicana alrededor de 500 años antes de Jesucristo, con el fin de proteger a la gente común garantizando que se le impartiera justicia.

Si un magistrado, o una asamblea, o incluso el Senado mismo, tomaban alguna medida contra cualquier ciudadano romano, el ciudadano podía apelar al tribuno quien tenía el poder de vetar cualquier acción gubernamental. Los tribunos eran en realidad abogados de la gente común, de la que eran realmente los únicos representantes.

En la confesión, por medio del ministerio del sacerdote actuando *in persona Christi*, se nos hace comparecer ante el "majestuoso tribunal" de Dios — el Tribunal de la

Misericordia: el Padre, el Hijo, y el Espíritu Santo. Pero ellos no están allí sentados para un juicio. Ellos están de nuestro lado.

Tenemos que comprender que aquí no estamos tratando con conceptos abstractos. Estamos tratando con *personas* — divinas, sí, pero *personas reales*, cada una distinta de la otra, pero ¡al mismo tiempo inseparables! Jesús es una persona; el Espíritu Santo es una persona; el Padre es una persona. Y juntas estas tres personas de Dios tienen un objetivo común: traernos de vuelta al Padre, fuente de toda vida, de toda bondad, de toda bendición.

La "Reconciliación," escribe el Papa Juan Pablo II, "es principalmente un don del Padre celestial."

Esto para mí es lo más importante y es algo de lo que nunca antes me había dado cuenta:

La confesión tiene que ver con el Padre.

En la confesión, Cristo, en virtud del poder del Espíritu Santo, nos guía de vuelta al Padre para que al ser "rescatados, sanados, restaurados, y perdonados" podamos acceder a la plenitud de nuestra dignidad de hijos de Dios.

El Papa Benedicto XVI señala que el papel de los sacerdotes en el confesionario es "hacer que los penitentes experimenten el amor misericordioso del Padre celestial," ya que el centro de la confesión es "el encuentro personal con Dios, el Padre de misericordia y de bondad."

La "llamada a la conversión," nos explica el Papa, es

> un estimulo a regresar a los brazos de Dios, Padre tierno y misericordioso, confiar en Él y confiarnos a Él como sus hijos de adopción, regenerados por su amor. ... Convertirse significa dejar que Jesús conquiste nuestros corazones ... y "regresar" con El al Padre.

¡Si en verdad pudiéramos entender el amor y la ternura infinitos del Padre que espera que vengamos a Él en el confesionario! Comparando a Dios con el padre de la parábola del hijo prodigo, el Papa Juan Pablo II escribe:

> ¿No ha dicho quizá Cristo que nuestro Padre, que "ve en secreto" espera, se diría que continuamente, que nosotros, recurriendo a Él en toda necesidad, escrutemos cada vez más su misterio: el misterio del Padre y de su amor?

> *Rico en Misericordia, #2*

¡Recurrir a Él en toda necesidad! Dios es un Padre perfecto. ¿Cómo reacciona todo buen padre cuando uno de sus hijos se hace daño o se mete en problemas y necesita ayuda? Imagina a una niña pequeña que se cae y se golpea y corre a su papá. ¿Se mantendría él a distancia diciendo: "eso no es grave, no me molestes? ¿Más bien no la abrazaría bien fuerte y le preguntaría donde le duele para hacerla sentir mejor?

El Arzobispo Gómez nos dice que este abrazo de un Padre amoroso es lo que recibimos en el confesionario:

> Cuando vamos a confesarnos somos como el hijo prodigo, finalmente conscientes de nuestros pecados, respondiendo al llamado de nuestra conciencia, levantándonos y yendo a nuestro Padre. Por medio del sagrado ministerio del sacerdote en el confesionario, el Padre compasivamente extiende sus brazos para acogernos y abrazarnos.

La confesión no es solo admitir tus pecados en una conversación privada con el sacerdote. Es volverse como el niño que después de una caída en la que se ha hecho daño corre hacia su Padre para sentirse mejor. ¡La confesión es correr hacia nuestro Papá!

Pero, aguarda, … ¡hay más! Aún hay otros involucrados.

En el capítulo 15 del Evangelio de San Lucas, justo antes de la parábola del hijo pródigo, Jesús narra otras dos parábolas de la misericordia. En la primera, un pastor, habiendo perdido de alguna manera una de las cien ovejas a su cuidado, deja las noventa y nueve restantes y va en busca de la perdida.

Cuando la encuentra, la coloca en sus hombros y la trae de vuelta al hogar lleno de alegría — obviamente se trata de una figura de Cristo, el Buen Pastor, que va en busca de cada uno de nosotros cuando estamos perdidos en el pecado, y se llena de alegría cuando nos trae de vuelta al Padre.

En la segunda parábola, una mujer perdió una de sus diez monedas. Como el pastor, la busca desesperadamente y se alegra cuando la encuentra.

En cada una de estas tres historias, hay una enseñanza que puede fácilmente ser obviada — una enseñanza expresada con más fuerza en la parábola del hijo prodigo.

El padre en esta parábola se llena de alegría por el regreso de su hijo, pero no se alegra solo. Con gran premura, llama a sus sirvientes y les pide que preparen una fiesta especial a fin de que todos puedan compartir su alegría:

> Saquen inmediatamente el traje mejor y pónganselo; pongan un anillo en su mano y sandalias en sus pies. Traigan el ternero cebado, mátenlo y celebremos un banquete, porque este hijo mío había muerto y ha vuelto a la vida, se había perdido y ha sido encontrado.
>
> Lc 15, 22-24

De manera similar, el pastor y la mujer con las monedas llaman a otros para compartir la alegría de haber hallado lo que se había perdido. El pastor

> llama a los amigos y vecinos y les dice: ¡alégrense conmigo, porque he encontrado mi oveja perdida!
>
> Lc 15,6

Y la mujer que encuentra la moneda perdida

> llama a sus amigas y vecinas y les dice: ¡alégrense conmigo, porque he encontrado la moneda que había perdido!
>
> Lc 15,9

¿Cuál es el mensaje que se nos quiere dar aquí? Necesitamos dar el salto de la tierra al cielo, reconociendo que, como los protagonistas de las tres parábolas, nuestro Padre celestial no se contenta con alegrarse a solas, si no que quiere compartir su alegría cada vez que uno de sus hijos perdidos es hallado.

Pero, ¿compartir con quién? ¿Quien tiene que alegrarse? ¿Quiénes son los "servidores," "amigos," y "vecinos" de Dios? Jesús nos da la respuesta en cada uno de las dos primeras parábolas. Como el pastor invita a sus amigos a alegrarse, Jesús nos dice,

> Pues, les digo que habrá más alegría en el cielo por un pecador que se arrepiente que noventa y nueve justos que no necesitan arrepentirse.
>
> Lc 15,7

Y otra vez, como la mujer se alegra con sus amigos,

> Les digo que así se alegrarán los ángeles de Dios por un pecador que se arrepiente.
>
> Lc 15,10

En el confesionario, Dios Padre, junto con Jesús y el

Espíritu Santo, se llena de alegría cuando tú regresas a Él, e inmediatamente comparte su alegría con todos aquellos que están en unión perpetua con Él en el cielo.

Tu recepción del sacramento no es una experiencia privada o aislada, pues ésta repercute inmediatamente "en la presencia de los ángeles." Cuando te arrepientes, aceptas la misericordia de Dios, confiesas sinceramente tus pecados, haces tus actos de penitencia, y te propones enmendarte de tus pecados — *todo el cielo se alegra.*

Existe todavía otro aspecto en el cual la confesión no es nunca completamente un asunto privado — el hecho de que involucra el pecado.

En un sentido, el pecado es siempre un acto personal que tiene consecuencias personales. Pero necesitamos comprender que ninguno de nosotros existe al vacío. Vivimos todos en el mundo, y estamos inseparablemente unidos en una relación de interconexión con el mundo y con los demás.

Recuerdo que cuando era un adolescente comenzando mis primeros cursos de filosofía, me presentaron el concepto de que ya que todo está tan interconectado, cada acción — por pequeña que sea — tiene un efecto positivo o negativo en el universo.

Uno de los ejemplos que nos daban tenía que ver con el "efecto de onda" de nuestras acciones en el mundo físico. Si lanzas una piedra a un estanque de aguas tranquilas, creas unas ondas que se extienden por toda el agua y que de alguna manera afectan a todo el estanque y lo que hay en él.

Algo de esto lo podemos captar a simple vista, cuando la superficie del agua en calma es impactada y las repercusiones son visibles primero en las salpicaduras y después en los círculos concéntricos que se extienden a partir del punto de impacto. Sin embargo, hay también otros efectos ocultos, que pueden discernirse solo a través de la observación científica y la medición de ciertos parámetros.

A pesar de que no puede medirse fácilmente, este concepto puede aplicarse válidamente a la realidad espiritual, considerando que el pecado es la piedra que se arroja al agua. Como escribe el Papa Juan Pablo II:

> La ruptura con Dios desemboca dramáticamente en la división entre los hermanos. ... La consecuencia del pecado es la desunión de la familia humana.
>
> *Reconciliación y Penitencia, #15*

El pecado ... es siempre un acto de la persona, ... [pero] el pecado de cada uno repercute en cierta manera en los demás. ... No existe pecado alguno, aun el más íntimo y secreto, ... que afecte exclusivamente a aquel que lo comete. ... Todo pecado repercute, con mayor o menor intensidad, con mayor o menor daño en todo el conjunto eclesial y en toda la familia humana.

Reconciliación y Penitencia, #16

Como explica el Arzobispo Gómez, estas repercusiones en la Iglesia y en el mundo tienen lugar ya que, cuando tú y yo rechazamos a Dios por el pecado, también rechazamos a los demás:

Cuando pecamos, repudiamos a Dios como nuestro Padre, rechazamos nuestra relación de hijos e hijas. ... También herimos nuestra relación con los demás porque al negar la paternidad de Dios, estamos negando que seamos hermanos y hermanas de los demás. Es por esto que nuestros pecados personales siempre tienen consecuencias en la sociedad. ... No hay pecado que no tenga "víctimas" o que sea privado. Estamos unidos unos a otros por nuestra humanidad y cuando pecamos, debilitamos esos lazos.

Ya que tu pecado — tu rechazo a Dios — me afecta a mí, y el mío te afecta a ti, lo mismo puede decirse de la confesión. Lo que sucede en el confesionario — reconciliación, sanación, restauración — no es del todo un asunto privado entre tú y Dios.

Ya que tus pecados, en primer lugar, han debilitado y herido tu relación con Dios, la sanación de la herida y el restablecimiento de tu relación con Dios, es la primera reconciliación que tiene lugar.

Sin embargo, el *Catecismo* identifica otras cuatro heridas o grietas que se reparan también en el confesionario: heridas a nosotros mismos, a los otros, a la Iglesia, y a la creación entera.

> La reconciliación con Dios tiene como consecuencia ... otras reconciliaciones que reparan las rupturas causadas por el pecado: el penitente perdonado se reconcilia consigo mismo en el fondo más íntimo de su propio ser, ... se reconcilia con *los hermanos*, agredidos y lesionados por él de algún modo; se reconcilia con la *Iglesia*, se reconcilia con toda la *creación*.
>
> #1469

Así pues, la confesión no es solo el restablecimiento de mi comunión personal, de tú a tú con Dios. En la experiencia de cada uno con este sacramento, Dios el Padre, en Cristo — y por medio de la Iglesia — esta "reconciliando el mundo consigo" (2 Cor 5, 19) y realizando la oración sacerdotal de Cristo:

> ... que todos sean una sola cosa; como tú, Padre, estas en mí y yo en ti, ...que sean uno como nosotros somos uno. Yo en ellos y tú en mí, para que sean perfectos en la unidad.
>
> Jn 17, 21-23

$\mathcal{S}$ECRETO 5
¡Tienes Correo!

Cuando te acercas a la confesión, …
la Sangre y el Agua que brotó de Mi corazón
siempre fluye sobre tu alma y la ennoblece.

Jesús a Faustina, Diario, *1602*

$\mathbf{C}$uando decides ir a confesarte tienes mucho en que pensar. ¿Qué pecados he cometido? ¿En qué áreas de mi vida estoy luchando? ¿Qué le voy a decir al sacerdote? ¿Cómo va a reaccionar éste?

Una vez que entras en el confesionario hay mucho que hacer. Confesar tus pecados al sacerdote, hablar con él, escucharlo, rezar el acto de contrición, aceptar tu penitencia, y finalmente recibir la absolución.

Es todo un proceso muy detallado y las diversas etapas y acciones del rito mismo son tan específicas, tan personales, tan puntuales que es muy fácil ver la confesión como un acontecimiento aislado.

Pero no lo es. Todos los ritos de la Iglesia están conectados. Todos vienen del Padre y vuelven al Padre. Todos están vinculados a la acción salvífica de Jesús quien, con el poder del Espíritu Santo, realiza el plan misericordioso del Padre para todos.

La confesión nos lleva a la cruz.

Esto no es una simple frase piadosa, meramente simbólica, ni tampoco un simple recuerdo de la crucifixión. La confesión realmente nos lleva al Calvario. Como señala el Papa Benedicto XVI:

> El vía crucis no es algo del pasado y de un lugar determinado de la tierra. La cruz del Señor abraza al mundo entero; su vía crucis atraviesa los continentes y los tiempos. En el vía crucis no podemos limitarnos a ser espectadores. Estamos implicados también nosotros.

En mi libro anterior, *7 Secretos de la Eucaristía*, en el capítulo titulado "Solo hay una Misa," me detuve un momento para dar una breve "lección de ciencia" acerca del tiempo. Necesito hacer lo mismo también aquí, porque la Misa y la Confesión están inseparablemente vinculadas la una a la otra y a la Cruz, y no hay manera de que puedas entender eso sin saber lo que es el tiempo para Dios.

Como ves, tú y yo — estando tan limitados por el tiempo y el espacio — tendemos a considerar la crucifixión como un evento particular que sucedió en un tiempo determinado (hace alrededor de 2000 años) y en un lugar determinado (la colina del Calvario en las afueras de Jerusalén).

Podemos pensar en eso, estar agradecidos por eso, intentar aprender de eso, pero no dejamos de considerarlo simplemente con un evento histórico. Comenzó en un determinado momento y culminó en un determinado momento, y ahora está del todo acabado.

¡Pero no es así! Para Dios,

> Un día es como mil años, y mil años como un día.

2 Pe 3, 8

Como nos explica el *Catecismo*, "Para Dios todos los momentos del tiempo están presentes en su actualidad" (#600). A diferencia de nosotros, Dios no está limitado por el espacio y por el tiempo. Él ve todo — pasado, presente, y futuro — de una vez. Para Dios todo es siempre presente. Dios vive en un Ahora Eterno.

La Iglesia enseña que la pasión, muerte, resurrección, y ascensión de Cristo no son eventos separados. Los mismos constituyen un único evento — el misterio Pascual — que no puede ser circunscrito a ningún tiempo o lugar determinados. Nunca se termina.

El Catecismo explica que el misterio Pascual difiere de cualquier otro evento histórico en que todos estos acontecen una vez y luego acaban. Todos "pasan y quedan absorbidos por el pasado." El misterio Pascual, en cambio "no puede quedarse sólo en el pasado." Es "el único evento de la historia que no pasa jamás":

> Todo lo que Cristo es y todo lo que hizo y padeció por los hombres participa de la eternidad divina y domina así todos los tiempos y en ellos se mantiene permanentemente presente. El acontecimiento de la Cruz y de la Resurrección permanece y

atrae todo hacia la Vida.

#1085

¡Realmente sorprendente! Los dramáticos eventos de la pasión, muerte, y resurrección de Cristo que realmente tuvieron lugar aquí en este mundo, en la "plenitud de los tiempos," están tan vinculados al Ahora Eterno de la vida divina, que ¡son *intemporales*! No acaban nunca.

¿Qué relación tiene esto con la Misa y la confesión? En su carta encíclica sobre la Eucaristía, el Papa Juan Pablo II escribe que todos los frutos de la pasión, muerte y resurrección de Cristo están "concentrados para siempre en el don de la Eucaristía."

En este don de la Eucaristía, continúa explicando el Papa, Cristo confió a la Iglesia la "actualización perenne" del Misterio Pascual y con él instituyó una misteriosa "contemporaneidad." La Eucaristía "aplica a los hombres de hoy la reconciliación obtenida por Cristo una vez por todas para la humanidad de todos los tiempos."

¿Ya te empezó a dar vueltas la cabeza? ¿"Actualización perenne"? ... ¿"contemporaneidad"? ... ¿"aplica hoy"? ¿Qué significa todo esto?

Significa que cada vez que participas en la Misa, cada

vez que recibes la Eucaristía, cada momento que pasas en Adoración Eucarística, todo lo que Cristo obtuvo para ti hace 2000 años en la cruz del Calvario, se aplica a ti *ahora* en tu momento y lugar presentes.

Tómate un minuto y deja que esto cale en ti. Por medio de esta "contemporaneidad," lo que Él hizo *entonces* te afecta *ahora*. Tú estas al pie de la cruz con María y Juan, y la sangre y el agua del Corazón traspasado de Cristo están manando sobre ti como una fuente de misericordia.

Y ¿qué decir de la confesión? Sucede lo mismo. Tiempo y espacio desaparecen, y tú estas en el Calvario hace 2000 años. Como nuestro Señor reveló a Santa Faustina:

> **Cuando te acercas a la confesión, a esta fuente de Mi misericordia, la Sangre y el Agua que brotó de Mi corazón siempre fluye sobre tu alma y la ennoblece.**
>
> *Diario*, 1602

Es muy importante comprender cuán relacionados están los sacramentos de la Eucaristía y la Reconciliación. Como señala el Papa Juan Pablo II, ambos sacramentos fueron instituidos en el mismo lugar (el Cenáculo), y el hecho de que el sacramento de la Reconciliación haya sido instituido inmediatamente después de la pasión y muerte de Cristo, en el día mismo de la Resurrección, es tan significativo que "debiera dársele tanta importancia como a la Eucaristía misma."

En el *Diario de Santa Faustina*, cuando tropiezas con frases como "Milagro de Misericordia" ... "Fuente de Vida" ... "Fuente de Misericordia," necesitas tener presente el contexto para determinar si el Señor está hablando de la Eucaristía o de la Reconciliación, pues Él usa las mismas frases para ambos.

Nosotros, por otro lado, tendemos a referirnos a los dos sacramentos de manera diferente, y las palabras que usamos para cada uno pueden limitar nuestro entendimiento acerca de cuán relacionados están. El uso común es que "recibimos" la Comunión pero "vamos" a la confesión.

Sin embargo, como mencione en el Secreto 2, en el confesionario también recibimos. Por medio de nuestra confesión sincera y la absolución del sacerdote, experimentamos una real comunión espiritual con las tres divinas personas que vienen a habitar en nuestros corazones.

¿Cómo sucede esto? De la misma manera en que sucede cuando recibimos la Eucaristía: los frutos que Cristo obtuvo para nosotros en la cruz se nos aplican *ahora* en el confesionario en virtud de esa "contemporaneidad."

¡Todo viene de la cruz!

Hace un par de años, durante la celebración de la Exaltación de la Santa Cruz, tuve una experiencia que me hizo comprender esto de una manera muy personal.

Cuando llegó el momento de la veneración de la cruz, me acerqué junto a los demás miembros de la congregación, me incliné para besar el pie de la cruz, y después me dispuse a regresar a mi lugar.

De repente, el sacerdote se acercó y me agarró el brazo para mantenerme en el lugar, y con su otra mano apoyó firmemente la cruz contra mi pecho y la sostuvo allí durante un tiempo que me pareció largo. No tengo idea de porque lo hizo — quizás tenía tan mal apariencia en ese momento que el sacerdote pensó que me hacía falta una bendición especial. Pero cualquiera que haya sido la razón, este hecho tuvo un poderoso impacto sobre mí, y me encontré rezando en silencio, una y otra vez, "Señor, recibo tu amor de la cruz."

La mañana siguiente, cuando me levanté a recibir la Comunión, me broto la misma oración: "Señor, recibo tu amor de la cruz." Y ahora, cuando voy a la confesión, repito la misma oración. "Señor, recibo tu amor de la cruz."

Todo viene de la cruz.

En el Secreto 2, mencioné que, cuando pensamos en la confesión, a menudo nos enfocamos demasiado en el perdón, sin darnos cuentas de cuanto más hay en este sacramento. Pero aún la realidad misma del perdón tiene que ser entendida desde la perspectiva del Ahora Eterno.

Recuerdo como frecuentemente solía ir yo a la confesión sintiendo vergüenza en mi interior y hasta cierto punto temiendo atreverme a pedir perdón. Me sentía tan apocado espiritualmente: "Oh, Dios, por favor, sé que no lo merezco, pero perdóname." Era como si pensara que él no podría perdonarme, como si estuviera tratando de arrancarle el perdón.

¡Que tonto! Cristo no me está perdonando ahora en el confesionario. ¡El me perdonó hace 2000 años! Yo solo estoy recibiendo su perdón ahora.

¡No podemos olvidar que Cristo en la cruz es Dios!

Él es el Dios-Hombre. Así pues, Él no está limitado por el tiempo y el espacio como nosotros. El *Catecismo* es muy claro y específico en este punto:

> Jesús, durante su vida, su agonía y su pasión nos ha conocido y amado a todos y a cada uno de nosotros y se ha entregado por cada uno de nosotros.
>
> #478

Léelo una vez más y medítalo. Durante toda su vida, durante toda su agonía, durante toda su Pasión, Cristo te conocía y *te* amaba. Él se entregó y murió por ti. Si tú hubieras sido el único ser humano necesitado de salvación, Cristo hubiera muerto únicamente por ti. Es así como se demuestra cuán preciosa para Dios es cada persona individual.

Tú no habías nacido aún. Tus padres y abuelos no habían nacido aún. Pero Cristo no está sujeto al tiempo. Él te vio, te conoció, te amó, y murió por ti en la cruz.

¿Por qué? ¿Por qué quiso morir? ¿Qué se cumplió con su muerte?

El perdón. El perdón de los pecados, de todo pecado. Tus pecados, mis pecados, y todos los pecados del mundo entero, desde el comienzo hasta el final de los tiempos.

San Pablo nos enseña que Cristo asumió todos nuestros pecados de tal manera que fue como si Dios lo hubiera hecho pecado por nuestra causa (cf. 2 Cor 5, 21)

¡Desde la cruz, Jesús atravesando 2000 años de tiempo y espacio, te veía, veía todo tu pecado (pasado, presente y futuro) y te amó!

El arrastró todo tu pecado, todo mi pecado — todas esas cosas horribles — hacia su cuerpo puro, y cuando su cuerpo fue destruido en la cruz, nuestro pecado fue también destruido.

Es un trato hecho. El "llevó en su propio cuerpo nuestros pecados sobre la cruz" (1 Pe 2, 24), y murió "una vez para siempre" (Rom 6, 10).

Dije que nuestro pecado ha sido "destruido." Esto es algo realmente importante que debemos entender, pero que mucha gente olvida. En la Misa no decimos "Cordero de Dios que perdona los pecados del mundo," sino "Cordero de Dios que quita los pecados del mundo." ¡Cristo no solo *perdona* nuestros pecados, *sino que los quita!*

Las Escrituras nos dicen, "cuanto dista el oriente del occidente, así aleja de nosotros nuestras culpas"

(Sal 103,12). Y también, "Yo soy el que *borra* tus faltas y no se acuerda de tus pecados" (Is 43, 25).

Sin embargo, muchas personas me han dicho que el recuerdo de los pecados pasados no deja de atormentarlos —aún después de haberlos ya confesado— y se preguntan si de verdad han sido perdonados.

¡Nunca te permitas dudar de la misericordia de Dios! Si te has arrepentido sinceramente de tus pecados, los has confesado, tienes el propósito de no volver a repetirlos, y has recibido la absolución, los mismos no solo han sido perdonados; *¡ya no existen!*

Y no importa cuán malos hayan sido tus pecados. Ningún pecado es más grande que el amor de Dios:

> Aunque tus pecados sean como la grana, blanquearan como la nieve.
>
> Is, 1, 18

En el *Diario* de Santa Faustina hay una hermosa conversación entre Cristo y un alma desesperada, la cual está tan horrorizada por el recuerdo de sus pecados que duda que Dios la haya perdonado.

Jesús le dice al alma:

Todos tus pecados no han herido tan dolorosamente Mi corazón como tu actual desconfianza. Después de tantos esfuerzos de Mi amor y Mi misericordia no te fías de Mi bondad.

1486

El alma comienza a replicar, pero Jesús, viendo su confusión, la levanta y "la introduce en las profundidades de Su Corazón donde todos sus pecados desaparecen instantáneamente" (1486). Tal es el poder de la misericordia de Cristo que viene de la cruz.

Para mi CD *Endless Mercy* (*Misericordia Infinita*) escribí una canción que expresa cuán total y personal fue esta acción realizada en la cruz:

Desde la cruz viste mi pecado
y me amaste.
Sentiste mi dolor
y trascendiste el tiempo para sanarme.
Con manos amorosas
arrastraste mi pecado hacia Ti
y con tu muerte
lo destruiste para siempre.

Cuando entramos en el confesionario, no deberíamos

ir con la idea de que necesitamos *mendigar* el perdón de Cristo. Sí, pedimos perdón, pero lo hacemos con fe expectante y agradecida, sabiendo que ya Cristo nos obtuvo el perdón en la cruz, aunque no lo hubiéramos merecido y que únicamente está esperando a que se lo pidamos, para que podamos recibirlo en nuestras vidas ahora.

Cuando hablo de este tema en eventos o misiones parroquiales, hay dos comparaciones que me gusta hacer para dejarlo bien claro.

La primera es para todos aquellos que usan el correo electrónico (email). Yo recuerdo la primera vez que me conecté en línea para enviar y recibir correos. Mi hermano me envió un correo electrónico desde Japón.

Yo estaba viajando en ese entonces y no tenía una computadora conmigo, así que pasaron un par de semanas antes de que regresara a casa y pudiera conectarme a la red. En ese momento descubrí que él me había enviado una nota.

Recuerdo haber pensado, ¡Qué maravilla! Él me envió esto desde el otro lado del mundo hace dos semanas, pero yo no lo sabía y es solo ahora que puedo verlo. Era algo que estaba ahí estacionado en algún lugar del ciberespacio esperando por mí."

Hace dos mil años, Jesucristo, desde la cruz, te envió un correo electrónico con todo el perdón y la sanación que alguna vez puedas necesitar. ¿Lo has recibido ya? No, esta ahí suspendido de algún modo en el ciberespacio espiritual esperando por ti. Esta ahí para ti, pero tú tienes que hacer algo para recibirlo. Como dice San Agustín, "Dios te creo sin ti, pero no te salvará sin ti." Necesitamos participar en el proceso.

¿Qué necesitas hacer para recibir tus correos electrónicos? Necesitas encender tu computadora, abrir tu navegador de internet, y acceder a tu cuenta de correo introduciendo tu nombre y tu contraseña. Entonces escuchas: "¡Tienes correo!" Ahora puedes hacer clic en el archivo, leerlo, imprimirlo, descargarlo o usarlo. Es tuyo ahora.

La confesión es como conectarse. Es hacer las cosas que necesitas hacer para que entonces puedas acceder a lo que Cristo ha hecho por ti. La misma te permite descargar en tu vida todos los frutos de la pasión, muerte, y resurrección de Cristo ahora mismo en el momento presente en que lo necesitas.

Al igual que la celebración de la Eucaristía, la confesión

es la recepción *ahora* de un don de *antes*.

La segunda comparación es para aquellos que no están familiarizados con el correo electrónico. Hace dos mil años, Cristo depositó todo el perdón y la sanación que alguna vez pudieras necesitar en una caja de seguridad a tu nombre y te entrego la llave.

Esta todo allí esperando por ti, pero necesitas hacer algo para conseguirlo. Necesitas ir al banco, mostrar tu identificación, hacer que uno de los encargados te traiga la llave que corresponda y entonces ir a abrir la caja. Ahora lo puedes tener.

Entender todo esto nos puede ayudar a hacer de la confesión una experiencia mucho más rica. Sin embargo, hasta el momento te ha dado solo una parte de la historia del Ahora Eterno. Todo lo que te he dicho tiene que ver con el hecho de que lo que Cristo hizo *antes* nos afecta *ahora*.

Pero también funciona a la inversa. Lo que tú y yo hacemos *ahora* le afectó a Él *antes*.

Cuando yo era un estudiante de segundo año de Bachillerato, leí un poema que me emocionó tan profundamente que me lo aprendí de memoria, y aún me ayuda a recordar hasta qué punto la cruz está siempre presente para nosotros:

Por qué el Pecho del Petirrojo es Rojo

El Salvador, doblado bajo su cruz, subía
a la colina sombría,
Mientras que de la corona de su agonía,
un riachuelo purpura corría;
El cruel romano lo empujaba con
implacable mano,
hasta que tambaleándose lentamente,
cayó sobre la arena en medio de la gente.

Un pajarillo que cerca trinaba, aquel
memorable día,
revoloteó en derredor y con esfuerzo una
sola espina arrancarle quería;
El cruel aguijón ensartó su pecho y por
eso, dulcemente se dijo,
El petirrojo tiene su vestido de plata
teñido de rojo.

¡Ah, Jesús! ¡Jesús! ¡Hijo del Hombre! Mi
pena y mis anhelos,
revela la lección enseñada por ese alado
Ismael de los cielos.
Yo, en mi palacio de delicias o caverna
de desesperado,

No he arrancado espina alguna de tu querida frente, mas miles allí he plantado.

En cada momento de cada día, tú y yo podemos elegir ser el cruel romano o el petirrojo. Podemos confortar y consolar a Cristo en la cruz, o podemos añadir algo a su dolor. Podemos arrancar una espina de su frente o clavarle otra. Cada vez que peco, Le hiero; y cada vez que hago algo bueno, Le doy consuelo.

De ahí que la mejor manera de prepararse para la confesión es suscitar las "lágrimas de arrepentimiento" meditando acerca de la Pasión de Cristo (cf. *Catecismo*, #1429).

Una porción de la agonía de Cristo en el Huerto — tan intensa que sudó sangre — viene de ver mis pecados y de echárselos encima. Él fue azotado, golpeado, humillado, y torturado en la cruz por *mis* pecados.

Yo escupí Su rostro; *yo* Le abofeteé; *yo* rasgué la carne de Su cuerpo con esos crueles látigos; *yo* encajé las espinas en Su cabeza; *yo* clavé Sus manos y Sus pies; *yo* Le di a beber la amarga hiel.

¡El pecado es *personal*! ¡Hiere a una *persona*! — la persona que menos lo merece, la más gentil, la más amorosa. ¡El pecado es terrible!

Santa Faustina escribe:

> Hoy he entrado en la amargura de la Pasión del Señor Jesús. … Interiormente en el fondo de mi alma, conocí lo terrible que es el pecado aunque sea el más pequeño, y lo mucho que torturó el alma de Jesús. … Oh Jesús mío, prefiero agonizar en los más grandes tormentos hasta el fin del mundo, que ofenderte con el menor pecado. … Oh Jesús, preferiría no existir que entristecerte.
>
> *Diario*, 1016, 741, 571

En la confesión, nosotros recibimos, pero también damos. Cuando me trago mi orgullo, supero mi temor, y hago una confesión sincera, arrepintiéndome de mis pecados y haciendo el propósito de cambiar mi vida, entonces doy consuelo a Cristo en la cruz.

En la confesión recibimos el amoroso correo de Cristo, y le damos respuesta:

> *Me arrepiento, Señor, de todas las formas y ocasiones en las que Te he herido. Gracias por amarme de cualquier modo. Ayúdame a amarte más.*

$\mathcal{S}$ ECRETO 6
Vino Nuevo Necesita Odres Nuevos

*Deben despojarse de su vida pasada
del hombre viejo, ... renuévense en su espíritu
y en su mente y revístanse del hombre nuevo.*

Ef 4, 22-24

Casi me da temor comenzar este capítulo, porque es muy importante. Todo lo que he dicho hasta ahora — todas las ideas, y conceptos que he compartido en los Secretos del 1 al 5 — han sido en preparación para lo que viene ahora.

Si fueras a dejar de leer en este momento, te perderías

el punto central de nuestro tema.

Todas esas ideas "diferentes" en realidad no están separadas ni desconectadas. Las mismas son partes individuales pero conectadas de una verdad más completa.

Es parecido a un rompecabezas con miles de pequeñas piezas esparcidas sobre una mesa. Si te centras solo en las piezas individuales, nunca terminarás de armarlo. Tienes que mirar donde y como las piezas se conectan, para que puedas comenzar a ver la imagen que forman al quedar unidas: el rompecabezas del amor de Dios.

¿Cuál es la imagen? Es la imagen de Dios tri-personal, que paternalmente te engendra a la vida, te ama con un amor infinito, te espera con los brazos abiertos cada vez que te extravías, y está siempre listo para perdonar y sanar — *de manera que El pueda recrearte y llevarte de nuevo a la plenitud de vida para la que Él te creó en primera instancia.*

> Yo he venido para que tengan vida y la tengan en abundancia.
>
> Jn 10,10

El objetivo de la confesión es nueva vida, regeneración, transformación, restauración en la amistad y la comunión con Dios para que puedas empezar a vivir *de un modo totalmente nuevo*, el modo en que Cristo mismo vive.

¡Deja atrás lo antiguo y proclama el advenimiento de lo nuevo!

Demos un rápido vistazo a algunas de las "piezas" del rompecabezas de la confesión para ver como encajan unas con otras para darnos nueva vida.

En el Secreto 1, vimos como el pecado no tiene que ver únicamente con el comportamiento, sino con la relación con Dios. Se trata del rechazo a dejar que Dios sea nuestro Padre, el rechazo a vivir en una sana relación con Él y con sus hijos e hijas. Vimos como el pecado no cambia a Dios sino a nosotros al separarnos del amor de Dios.

Así que, el problema no está en nuestros comportamientos pecaminosos. El problema real está en nuestros corazones. Hemos apartado nuestros corazones de Dios. El pecado nos ha cambiado; necesitamos dejar que la gracia nos renueve.

La confesión nos llama al arrepentimiento y a la conversión. Nos llama a dar un giro total en el modo en que vivimos: volver nuestros corazones a Dios y salir de la cueva hacia la luz y el calor de Su amor.

> Si su pensamiento solo fue apartarse de Dios, vuelvan ahora y búsquenle con ardor diez veces mayor.

> Ba 4, 28

El Secreto 2 nos llevó un poco más adelante. Vimos que, ya que nuestros pecados en sí mismos no son el problema real, entonces el perdón no es la única solución. No podemos simplemente confesar nuestros comportamientos pecaminosos, recibir la absolución, y luego volver a la vida de siempre. Nuestros pecados nos hieren y, aún después de que son perdonados, permanecemos heridos, confundidos, y débiles espiritualmente.

Vimos que el perdón es solo el primer paso en un proceso integral de sanación y santidad en virtud de la gracia — la cual es el modo de vida mismo de Dios derramado en nuestros corazones *para que lleguemos a ser como Él.*

En el Secreto 3, vimos que cada uno de nosotros está llamado a una relación personal, de tú a tú con Dios, que la llamada es diferente para cada uno, y que la mera observancia mecánica de lo que "se puede y no se puede hacer" no es suficiente.

La confesión nos llama a *un cambio de actitud*. Nos llama a buscar a Dios con todo nuestro corazón, a vivir nuestras vidas de tal manera que tratemos siempre de hacer lo que le agrada a Dios, respondiendo a Él en todo momento para hacer todo lo que nos diga.

En el Secreto 4, vimos como el confesionario es un lugar de encuentro donde nos encontramos personalmente con la Trinidad mientras todo el cielo nos contempla y se regocija. ¿Cuál es la razón de esta alegría? *Es a causa de nuestro arrepentimiento, nuestra conversión de corazón, y nuestro propósito de cambiar nuestras vidas.*

En este encuentro personal con la Trinidad, nuestro cambio interior de mente y de corazón permite que Cristo, en virtud del poder del Espíritu Santo, nos lleve de regreso al Padre para que podamos ser restaurados en nuestra plena dignidad como Hijos de Dios.

En el Secreto 5, vimos que la mejor manera de llegar a esta necesaria conversión de corazón es suscitar "lágrimas de arrepentimiento" meditando acerca de la Pasión de Cristo, asumiendo la realidad de que el pecado es personal, de que Cristo sufrió y murió en la cruz por mí, personalmente.

Y de esta manera, como Cristo vive en el Ahora Eterno, el modo en que yo vivo mi vida cotidiana le da consuelo o acrecienta Su dolor.

¿Cuál es el común denominador de todo esto? *Cambio* — cambio de mente y de corazón.

> No se acomoden a este mundo; al contrario, transfórmense y renueven su interior.
>
> Rm 12, 2

La confesión, al igual que la Comunión, no es un simple rito, algo que los Católicos hacen, algo para recibir la gracia. Se trata más bien de responder a Dios de tal manera que nuestras vidas queden r*adicalmente transformadas*.

> Nadie echa vino nuevo en odres viejos, pues el vino reventaría los odres y se perdería el vino y los odres, sino que el vino nuevo se echa en odres nuevos.
>
> Mc 2, 22

Cristo derrama su misma vida en nosotros, su misma

santidad. El es el "vino nuevo" que debemos recibir en "odres nuevos."

¿Cómo logramos esto? El *Catecismo* nos presenta tres pasos necesarios: arrepentimiento, confesión de nuestros pecados al sacerdote, y la intención de reparar (cf. #1491).

El Acto de Contrición que la mayoría de los Católicos solía memorizar de niños nos suministra unas sencillas líneas maestras para que podamos comprender esto:

> Oh Dios mío, me arrepiento de corazón
> por haberte ofendido ...

"Me arrepiento *de corazón* ..." Esto no es una disculpa, un mero lamentarse por haber hecho algo estúpido. La pena que debiéramos sentir al acercarnos al sacramento de la Confesión viene de un arrepentimiento y una conversión sinceras, del "movimiento de un corazón contrito movido por la gracia *para responder a la misericordia de Dios que nos amó primero*" (*Catecismo*, #1428).

El Papa Juan Pablo II explica que esta conversión consiste siempre en descubrir el amor misericordioso del Padre que Cristo vino a revelar. "La conversión a Dios," escribe el Papa, "es siempre fruto del 'reencuentro' de este Padre, rico en misericordia." (*Rico en Misericordia*, #13).

Tenemos el ejemplo de San Pedro quien, después de negar a Cristo públicamente tres veces, se convierte por la manera en la que Cristo lo mira. Como explica el *Catecismo*, "La mirada infinitamente misericordiosa de Cristo provoca lagrimas de arrepentimiento en Pedro y, después de la resurrección del Señor, la triple afirmación de su amor por Él" (#1429).

Este arrepentimiento (conocido también como contrición) se traduce no solo en dolor por nuestros pecados, sino también en aborrecimiento al pecado:

y detesto todos mis pecados, porque temo la pérdida del cielo y los tormentos del infierno.

Este primer nivel de contrición es una contrición a causa del temor. La misma se conoce como "contrición imperfecta" o "atrición," ya que está motivada por la conciencia de la fealdad del pecado y por el temor a la eterna condenación. Impulsada por el Espíritu Santo, la misma desata un proceso de conversión interior que nos dispone a la gracia y se completa con la absolución sacramental (cf. *Catecismo*, #1453).

¿Es esto suficiente para una confesión válida? Sí, pero para lograr un crecimiento real en santidad deberíamos tratar de alcanzar un nivel mayor:

> *pero más que todo porque te ofenden a Ti,*
> *Dios mío, que eres todo bien y mereces todo*
> *mi amor.*

Este es el segundo nivel de contrición, llamado "contrición perfecta," la cual no está motivada por el temor egoísta sino por el amor a Dios y la conciencia de Su bondad. Esto es mucho más personal y nos lleva a una relación más profunda con Dios y a un creciente deseo de evitar cualquier cosa que pudiera ofenderlo.

Esto es solo una cuestión de enfoque. Si te arrepientes de tus pecados porque temes sus consecuencias, entonces ¿en quién estás enfocado? ¿A quién amas? A ti mismo. Si te arrepientes porque has ofendido a Dios, ¿en quién estás enfocado? ¿A quién amas? A Dios.

Me propongo firmemente ...

Estas son quizás las tres palabras más importantes de nuestra pequeña oración, pero son las que con más frecuencia se pasan por alto. Si el pecado, para mí, no es más que un mal comportamiento y si ir a confesarme no es más que hacer que se me perdonen los pecados para poder ir a comulgar, entonces el sacramento puede convertirse fácilmente en una práctica mecánica y rutinaria, en la cual simplemente confieso mis malos comportamientos y recibo la absolución.

Confesar mis pecados no es suficiente; necesito hacerme un *firme propósito* de cambiar.

con la ayuda de Tu gracia, …

Otra frase que fácilmente podemos pasar por alto. Si yo intento cumplir este propósito por mí mismo, voy a fallar. Como hemos visto la confesión no se agota solo en el perdón. Es también para recibir la gracia que necesitamos para alcanzar una completa sanación y un cambio en nuestras vidas. Así pues, en mi acto de contrición antes de recibir la absolución, necesito hacerme el propósito de cambiar, *pidiendo la gracia de Dios* y dependiendo de ella. En este firme propósito me comprometo a hacer tres cosas:

confesar mis pecados, …

Pero, espera un minuto. Cuando llega el momento de decir el Acto de Contrición, *ya has* confesado tus pecados al sacerdote. Entonces, ¿Por qué el Acto de Contrición menciona específicamente esta acción como el primer propósito que necesitas hacer?

La razón es que te estás proponiendo dar un sí total a un *proceso*, no a un evento puntual. Te estás proponiendo regresar a Dios por medio de este sacramento cada vez que te alejes de Él por el pecado. Te estás proponiendo confesar tus pecados *regularmente*.

cumplir la penitencia, …

Oh sí, la penitencia. Ese es el castigo que el sacerdote te impone porque te has portado mal, ¿no es verdad?

Falso. Este es uno de los aspectos más incomprendidos del sacramento de la Reconciliación. Recuerdo que muchas veces, después de recibir la absolución, me venía un suspiro de alivio:

"¡Uf! Gracias a Dios que ya se acabó. Ahora solo tengo que hacer mi penitencia, solo tengo que pagar lo que debo."

Pero, ¡no se acabó! Es solo el comienzo, una vez más. Y la penitencia no es un castigo ni el pago de una deuda.

Como escribe el Papa Juan Pablo II, los actos de penitencia que hacemos no son el precio que pagamos por el perdón. Ningún acto humano puede igualarse al valor de lo que obtenemos en el confesionario.

Las penitencias

> son el signo del compromiso personal…
> de comenzar una existencia nueva (y por ello no deberían reducirse solamente a algunas fórmulas a recitar, sino que deben consistir en acciones de culto, caridad, misericordia, y reparación)
>
> Cf. *Reconciliación y Penitencia*, #31

El Papa continúa explicando que, por medio de esos actos, unimos nuestra mortificación física y espiritual a la Pasión de Cristo — el único que realmente "pago el precio" y nos obtuvo el perdón.

Tú y yo no podemos realmente "expiar" o "compensar" nuestros pecados. Como vimos antes, ya Cristo lo hizo por nosotros en la cruz. Nosotros simplemente ofrecemos nuestros sacrificios al Padre, unidos al sacrificio "de una vez y por todas" de Cristo para que lleguemos a ser como Él.

Tales penitencias ayudan a configurarnos

con Cristo que, el Único, expió nuestros pecados una vez por todas. Nos permiten llegar a ser coherederos de Cristo resucitado, "ya que sufrimos con él" (Rm 8, 17).

Catecismo, #1460

Volviendo a la idea de la confesión como un proceso más bien que una reparación puntual. Hemos visto en el Secreto 2 que la confesión no se agota en el perdón, sino que es también para la sanación. Sin embargo, la salud plena no viene solo de confesar nuestros pecados y arrepentirnos de ellos. Y tampoco viene solo de la absolución, como si el sacerdote estuviera blandiendo una especie de varita mágica y ¡puf! quedamos sanados.

La absolución quita el pecado, pero no remedia todos los desórdenes que el pecado causó. Liberado del pecado, el pecador debe todavía recobrar la plena salud espiritual. Por tanto, debe hacer algo más.

Catecismo, #1459

El Papa Juan Pablo II se hace eco de esto en su carta apostólica *Reconciliación y Penitencia*:

Después de la absolución queda … una

zona de sombra, debida a las heridas del pecado, a la imperfección del amor en el arrepentimiento, a la debilitación de las facultades espirituales en las que obra un foco infeccioso de pecado, que siempre es necesario combatir con la mortificación y la penitencia.

#31

¿A qué se reduce todo esto? La penitencia no es únicamente cumplir las acciones específicas asignadas por el sacerdote. La misma es una respuesta a la experiencia de la misericordia divina. Es una *decisión* y una *actitud* que se expresa en cambios reales de comportamiento que llevas a cabo en tu vida, cambios que te llevan a una salud y una madurez más plenas como hijo de Dios.

Las penitencias que recibimos en el confesionario y la absolución que nos da el sacerdote no son un final, sino un "envío," similar a la despedida de la Misa: "Pueden ir en paz, glorificando al Señor con su vida."

Nosotros expresamos esta comprensión — y nos comprometemos con ella — en el tercer propósito del Acto de Contrición:

y enmendar mi vida. Amén.

¿Cómo estamos llamados a enmendar nuestra vida? Totalmente. Radicalmente. ¡El Catecismo lo afirma con fuerza! El arrepentimiento profundo al que Cristo llama en el confesionario,

> es una *reorientación radical* de *toda la vida*, un retorno, una conversión a Dios *con todo nuestro corazón*, una ruptura con el pecado, una aversión del mal, con repugnancia hacia las malas acciones que hemos cometido. Al mismo tiempo, comprende el deseo y la *resolución de cambiar de vida*.
>
> #1431

¡Genial! Cuando vas a la confesión, ¿vas con la intención de reorientar radicalmente *tu vida entera*? ¿De volver a Dios *con todo tu corazón*? ¿De dar *fin al pecado* y apartarte de *todo* lo que está mal? ¿Estás proponiéndote *cambiar tu vida*? O ¿estás solo recitando ciertos malos comportamientos para que te sean perdonados?

Confesar mis pecados no es suficiente. El perdón no es suficiente. Necesito dejar el pecado. Necesito devolver a Dios lo que Le he quitado: una respuesta amorosa a Su amor. Dios nos está llamando a responder a Su amor con todo nuestro ser para que podamos cambiar nuestros corazones y hacerlos semejantes al suyo:

> *Vete y no peques más. ... Ama como yo te he amado. ... Perdona como yo te he perdonado. ... Sé misericordioso como tu Padre Celestial es misericordioso. ... Sé santo, porque Yo, tu Dios, soy santo.*

Si nuestra respuesta a la invitación de Dios en el confesionario es total, el perdón no solo nos hace sentir mejor sino que *nos recrea*.

> El que está en Cristo es una criatura nueva; lo viejo ya pasó, y ha aparecido lo nuevo.
>
> 2 Cor 5, 17

El Papa Juan Pablo II, en una de sus alocuciones del Jueves Santo, demuestra esto al comparar nuestro encuentro sacramental con Cristo en el confesionario con el pasaje evangelio del encuentro sorprendente de Cristo con Zaqueo (cf. Lc 19, 1-10).

Jesús entro en Jericó y atravesó la ciudad acompañado de una gran multitud. Zaqueo, el jefe de los cobradores de impuestos de la ciudad, se subió a un sicomoro, presumiblemente por curiosidad, quizás comparable a la manera superficial con la que a veces nos acercamos a los sacramentos.

Como escribe Juan Pablo II,

> Zaqueo no sospechaba que la curiosidad, que lo llevó a un gesto tan singular, era ya fruto de una misericordia previa, que lo atraía, y pronto le transformaría en lo íntimo del corazón.

Jesús, acercándose al árbol, levantó la vista hacia Zaqueo y lo llamó por su nombre diciendo: "Zaqueo, baja enseguida porque hoy me tengo que hospedar en tu casa" (Lc 19, 5).

"La casa de este pecador," explica el Papa Juan Pablo, "está a punto de convertirse en un lugar de revelación, en la escena de un milagro de la misericordia." Pero, ya que la misericordia "alcanza su plenitud en la medida en que encuentra una respuesta" (#6), este milagro no va a suceder si Zaqueo no consigue liberar su corazón de su "injusto y fraudulento modo de vida" anterior.

Penetrado por la mirada de Cristo y anonadado ante el hecho de ser llamado por su nombre de una manera tan amistosa y personal, Zaqueo responde inmediatamente a Cristo: "bajo rápidamente y lo recibió en su casa" (Lc 19, 6).

Su cambio de corazón es total; el promete dar la mitad de sus bienes a los pobres y restituir cuatro veces más a todos los que había defraudado, y Jesús responde: "Hoy la salvación ha llegado a esta casa" (Lc 19, 9).

Y señala el Papa Juan Pablo:

> Esto es lo que sucede en todo encuentro sacramental. No pensemos que es el pecador, con su camino autónomo de conversión, quien se gana la misericordia. Al contrario, es la misericordia lo que le impulsa hacia el camino de la conversión.

> El hombre no puede nada por sí mismo. Y nada merece. La confesión, antes que un camino del hombre hacia Dios, es una visita de Dios a la casa del hombre.

¡Cuánto hubiera deseado comprender esto antes! *La confesión es la visita de Dios a mi casa.* Él nos conoce a cada uno, como conocía a Zaqueo. Él lo ve todo — todos nuestros pecados, todas nuestras debilidades, incluso nuestros pensamientos más ocultos — pero Él también ve el hermoso "todavía no," que aún nosotros mismos no podemos ver. El "todavía no" de quien somos y aun no hemos alcanzado. Y con su abrasadora, sanadora, y comprensiva mirada de amor, Él nos llama por nuestro nombre y se invita a nuestra casa.

Nosotros no *vamos* a la confesión; nosotros estamos *llamados* a este encuentro personal con Cristo, a quien amamos porque Él nos amó primero. Confiando en su amor, entramos en este encuentro sacramental, llamados por nombre a cambiar nuestros corazones y nuestras vidas, y llegar a ser lo que ya somos en la mente de Dios.

Habiendo recibido el vino nuevo en odres nuevos, podemos cantar con Santa Catalina de Siena,

> Revistiéndome yo misma de ti, vi que sería imagen tuya. … Tú eres mi Creador, … y yo Tu criatura. Tú me hiciste una nueva creación por la sangre de tu Hijo.

$\mathscr{S}$ECRETO 7
¡Tienes que Soltar tus Cadenas!

Quitémonos de encima las cadenas
que nos impiden seguirlo

San Agustín

Los conceptos que hemos visto hasta ahora podrían resumirse como "buena noticia" — la buena noticia de que el Padre de las Misericordias siempre nos ama y está siempre listo, no solo para perdonar, sino también para sanarnos y restaurarnos como hijos Suyos, recreándonos a Su imagen y semejanza.

Ahora, aquí viene la "mala noticia." Hay barreras —

a menudo desconocidas e involuntarias — que pueden bloquear todo eso, bloquear Su amor, Su perdón, Su sanación y restauración.

¿Algo puede bloquear a Dios? ¡Sí! Dios, como ser absolutamente libre que es, se atrevió a *crearnos* como seres libres, formados para ser *como* Él, para que podamos un día vivir *con* Él para siempre.

Habiendo pues elegido crearnos libres, Dios nunca violará esa libertad. Él nos perseguirá incansablemente con Su amor para ayudarnos a tomar las opciones correctas, pero Él nunca nos impondrá su amor a la fuerza, y hay muchas cosas que nosotros podemos hacer para bloquearlo.

Barrera #1: Falta de Fe

Piensa de nuevo en los Evangelios. Hay algunos lugares (incluyendo su pueblo natal), donde Jesús no pudo realizar milagros debido a la falta de fe de la gente (cf. Mc 6, 4-5). En contraste con esto, hay también varios casos en los que Cristo atribuye específicamente su poder al grado de fe de la persona: "tu fe te ha sanado" (cf. Mt 9, 22; Mc 10, 52; Lc 7, 50; 18, 42).

El tipo de fe que se necesita no es la simple creencia, sino una fe viva que actúa como confianza: una total dependencia de Dios con la confianza de que Él en verdad te ama y está dispuesto y puede "hacer que todas las cosas sean buenas" en tu vida. La confianza nos obtiene Su misericordia. La falta de confianza la bloquea.

El reveló esto de muchas maneras a Santa Faustina, hasta el punto de decirle:

> **Me hago dependiente de tu confianza;**
> **si tu confianza es grande Mi generosidad**
> **no conocerá límites.**
>
> *Diario*, #548

Barrera #2: Idolatría

"Espera un momento. ¡Yo no doy culto a los ídolos!"

Oh, sí, tú lo haces. Probablemente no te hayas hecho un becerro de oro para colocarlo en un pequeño altar en tu casa, e inclinarte ante él como si fuera un ser viviente dotado de poder divino. Pero, como nos enseña el *Catecismo*, la idolatría es mucho más que esto.

> La idolatría no se refiere sólo a los cultos falsos del paganismo. … Consiste en divinizar

lo que no es Dios.

#2113

Divinizar lo que no es Dios — claramente prohibido en el primero de los diez mandamientos: "Yo soy el Señor tu Dios. ... No tendrás otros dioses delante de mi" (Ex 20, 2-3). ... "Adoraras al Señor tu Dios. ... a Él solo servirás" (Lc 4, 8).

¿Qué son esos "otros dioses" que se nos impide servir? El *Catecismo* aclara que cualquier cosa *puede* convertirse en un ídolo si dejamos que ocupe el lugar que le corresponde a Dios como Señor (cf. #2114).

Como nos explica Scott Hahn, "todo pecado es, en algún sentido, una forma de idolatría; preferir la criatura al creador, el don al donante."

Puede incluso ser algo bueno — tu trabajo, tu apariencia, tu vida social, los eventos deportivos, incluso las actividades religiosas — cualquier cosa a la que te hayas apegado tanto que pudieras estar descuidando tus responsabilidades hacia los demás e impidiendo que Dios ocupe el lugar central en tu vida.

¿Quién Ocupa el Trono?

Permíteme sugerir una imagen que encuentro muy útil para reconocer cuales son nuestros ídolos. ¿Recuerdas el pasaje evangélico en el que Cristo nos dice que el Reino de Dios está dentro de nosotros (cf. Lc 17, 21)? Pues bien, tu corazón es el reino y, como sucede en todo reino, hay un rey sentado en un trono.

Así pues, la pregunta que nos tenemos que hacer es ésta: "¿Quién ocupa el trono?" Si no es Jesucristo, tienes un problema. ¿Cuál es la solución? La letra de una antiguo himno lo expresa muy bien: "Expulsa a los falsos ídolos del trono. El Señor es Dios y Él es uno."

El Papa Francisco señala que se trata de una cuestión de prioridades. Él dice que, sabiéndolo o no, todos tenemos "un orden bien claro de prioridades que tiene en cuenta las cosas que consideramos importantes." Él explica que necesitamos reconocer a Cristo como Señor y dar culto solo a Él.

> Adorar al Señor quiere decir darle a él el lugar que le corresponde… Adorar es despojarse de nuestros ídolos, también de esos más recónditos, y escoger al Señor

como centro, como vía maestra de nuestra
vida.

No pierdas de vista lo más importante aquí. *Las cosas
no son el problema*. *Los objetivos y las actividades* no son
el problema. El problema está en *nuestra ansia y deseo* de
gratificación por medio de esas cosas. Es cuando nuestros
deseos se vuelven tan desordenados que nos volvemos
demasiado centrados, apegados y dependientes de
cualquier cosa que no es Dios.

¿Cuál es el resultado último de esos deseos desordenados? La esclavitud.

Como explica Ian Matthew en *The Impact of God*
(El Impacto de Dios), nuestros ídolos nos esclavizan,
dejándonos "prisioneros de nosotros mismos" para que nos
convirtamos en rehenes de nuestras propias necesidades.

Para liberarnos, necesitamos volver a centrarnos en
Cristo, pidiéndole a *Él* que nos dé el amor, la paz, la
alegría, la seguridad, y la realización que hemos estado
buscando en otra parte.

Barrera #3: La Herida que nos Dejó el Padre

Como hemos visto, Dios no es solo nuestro creador

sino nuestro Padre. Cada uno de nosotros ha sido escogido por Él, engendrado paternalmente a la vida, y formado a su imagen y semejanza para que algún día podamos estar con Él para siempre.

Seamos conscientes de ello o no, cada célula de nuestros cuerpos, cada aspecto de nuestro ser *anhela pertenecer* a este Padre y vivir en Su amor. A modo de anticipación de este destino último en el plan de Dios, cada uno de nosotros posee una necesidad y un deseo innato de ser amado, apreciado, afirmado, respetado, aprobado, y valorado.

Así pues, cada vez que alguien que debiera reflejar ese amor paternal en nuestras vidas, deja de hacerlo, nos sentimos heridos, con bastante frecuencia, profundamente heridos.

Puede ser un padre real o cualquier otra figura paternal: una madre, un hermano, una hermana, un maestro, un sacerdote, un superior, un amigo, — o cualquier persona de la que esperabas un reflejo del amor tierno y reafirmante de Dios y de la que en lugar de eso recibiste ira, critica, desaprobación, burla, rechazo, indiferencia, o traición — o cualquier otra respuesta negativa que te hizo sentir minusvalorado y no amado.

Muchas personas no pueden creer en un Dios que los ama porque nunca han experimentado un amor de ese tipo. Les ha sido negado por las mismas personas que debían habérselo mostrado.

Al igual que nuestros ídolos, estas heridas nos pueden paralizar y esclavizar, impidiendo en buena medida que nuestras mentes y nuestros corazones se abran a los demás y a Dios, y alzando en nosotros la barrera que, a mi juicio, es la más peligrosa e impenetrable de todas:

Barrera #4: La Falta de Perdón

El *Catecismo* incluye una sección muy hermosa y detallada acerca de la Oración del Señor. Comienza celebrando la increíble realidad del amor de Dios por nosotros — que hace que podamos en verdad "atrevernos" a llamar Padre nuestro a Dios ya que Él nos ha adoptado como *hijos* Suyos. Pertenecemos a Él, y Su amor paternal por nosotros "no tiene límites" (#2793).

Esto suena muy bien, ¿verdad? El amor de Dios no tiene límites. El problema es que nuestra recepción de ese amor si los tiene. Su amor es incondicional, pero nuestra capacidad de recibirlo depende enteramente de una condición sumamente importante:

Perdona nuestras ofensas *como también nosotros perdonamos* a los que nos ofenden.

El *Catecismo* comienza a explicar este "requisito estricto" señalando que, cuando empezamos a rezar la oración del Señor, podemos hacerlo con "audaz confianza" porque, aunque somos pecadores, tenemos una "firme esperanza en la misericordia de Dios y en Su amor indulgente derramado por nosotros en los sacramentos." (#2839).

Sin embargo, ¡el párrafo siguiente nos pega bien duro!

"Ahora bien, lo temible es que …" El Catecismo introduce así el párrafo en cuestión, enfatizando que lo que está a punto de decir es temible.

¿Qué significa "temible"? Significa que da miedo, que es aterrador e inquietante. Es como si el Catecismo nos estuviera advirtiendo acerca de lo que está por venir, algo así como:

¿Estás sentado? ¡Prepárate porque lo viene es aterrador!

Y entonces continúa:

> Lo temible es que este desbordamiento
> de misericordia no puede penetrar en nuestro
> corazón mientras no hayamos perdonado a
> los que nos han ofendido.
>
> #2840

Dios es nuestro Padre, y todo lo que Él quiere hacer es bendecir a Sus hijos, derramando su amor en nuestros corazones. ¡Pero este derramamiento del amor de Dios *"no puede penetrar"* nuestros corazones si no hemos perdonado a los que nos han ofendido!

> Al negarse a perdonar a nuestros hermanos
> y hermanas, el corazón se cierra, su dureza
> lo hace impermeable al amor misericordioso
> del Padre.
>
> #2840

Impermeable. ¿Sabes lo que esto significa? Significa que *nada* puede atravesarlo. Es como agua fluyendo sobre roca.

Cuando leí esto por primera vez, casi me muero del susto. Yo estaba yendo diariamente a Misa, intentando rezar la Coronilla de la Divina Misericordia todos los días, tratando de rezar el Rosario, tratando de ser una buena persona. Yo había sido Católico desde la cuna toda mi vida, y ahora el *Catecismo* me está diciendo:

> *¡Qué gran cosa! Sí, estás haciendo algunas cosas bien, pero hay un gran problema. El amor de Dios no está penetrando en ti, Vinny, ¡porque hay falta de perdón en tu corazón!*

¡Ay! ¡No me sorprende entonces que siga regresando a la confesión con las mismas cosas! ¡No me sorprende que siga teniendo problemas en llevar a cabo los cambios que quiero hacer en mi vida!

Volviendo a la imagen que vimos antes: "¿Quién ocupa el trono?" ¿Está Cristo sentado en el trono de mi corazón, o ha sido arrojado fuera por mi falta de perdón? ¿Es Cristo quien gobierna mi corazón, o he dejado que la ira, la amargura, y el resentimiento endurezcan mi corazón y lo hagan impermeable a Él?

Así pues, me senté inmediatamente y traté de hacer un inventario de mi corazón. Está bien, ¿a quién tengo que perdonar? ¿Con quién estoy irritado? ¿Con quién estoy resentido? ¿Estoy guardando algún rencor? ¿Se ha enfriado o se ha vuelto hostil mi relación con otra persona a causa de esos recuerdos desagradables o hirientes que aún permanecen vivitos y coleando en mí?

A medida que las personas me venían a la mente, hice lo mejor que pude por perdonarlos y ofrecerlos a Dios para que los perdonara y los bendijera. Fue algo liberador que me hizo sentir bien.

Pero aún no termino. Habiendo dado un buen vistazo a lo que había en mi corazón, descubrí la presencia de una gran cantidad de cosas negativas que en realidad no involucraban a nadie — sentimientos de irritación, cólera, frustración, resentimiento — no hacia otras personas sino hacia situaciones, circunstancias, necesidades insatisfechas, oraciones desatendidas, planes arruinados. Descubrí que yo necesitaba perdonar a la vida misma, con sus giros y vueltas. Y, más que nada, necesitaba perdonar a Dios por no seguir mis libretos.

Lo que comprendí de repente fue que, sin saberlo ni quererlo, yo había trastocado el orden de la Oración del Señor. Mi corazón no estaba reflejando lo que mis labios estaban orando. En lugar de aceptar Su voluntad en cada momento, yo estaba tratado de lograr que Él hiciera mi voluntad. "Hágase Tu voluntad" se había convertido en "Hágase mi voluntad," y como eso no estaba sucediendo, estaba lleno de resentimientos.

He dicho que esto sucedió sin mi conocimiento ni mi intención. Eso es algo importante para recordar. Las diferentes manifestaciones de la falta de perdón, como todas las demás barreras que hemos visto, usualmente no son intencionales.

Nosotros normalmente no tomamos una decisión consciente de permanecer débiles en nuestra fe y en nuestra confianza, ni de hacer que otras cosas sean más importantes que Dios, ni de permitir que nuestras heridas nos paralicen, ni de llenar nuestros corazones de falta de perdón. A no ser que aprendamos a buscar estas barreras, ni siquiera nos damos cuenta de que existen. De ahí que sean tan peligrosas y paralizantes para nuestro crecimiento espiritual.

Y hablando de cosas paralizantes, hay otra imagen que me gustaría ofrecerles — a imagen de las cadenas. (Apuesto a que pensaste que no llegaría al título del capítulo. Honestamente, ya me lo había empezado a cuestionar yo mismo. Pero aquí estamos por fin).

Nuestros pecados son cadenas. Nuestras dudas, preocupaciones, y ansiedades son cadenas. Nuestros ídolos son cadenas. Nuestras heridas son cadenas, nuestras faltas de perdón son cadenas. Las hay de todos los tamaños y pesos, pero son siempre cadenas y todas nos abruman.

San Pablo habla de la vida espiritual como un "correr la carrera" (2 Tim 4, 7). Pues bien, yo no puedo correr una buena carrera si tengo cadenas colgando alrededor del cuello. Algunas veces cargo con tantas cadenas que apenas puedo caminar.

Hace algunos años, en un retiro de hombres, presente esta imagen de una manera muy visual (y fue muy divertido). Comencé mi charla arrastrando un enorme saco de cadenas de acero de diferente grosor, peso, y tamaño.

Un poco antes, le había pedido a uno de los hombres que me ayudara. Era un hombre joven y se veía muy fuerte y atlético pues se ejercitaba regularmente en un gimnasio y había competido en distintas actividades de triatlón y escalada en roca. Le pedí que se parara junto a mí y le hice entonces a los hombres una pregunta ridícula: "Si Jim y yo echáramos una carrera ahora mismo ¿quién creen ustedes que ganaría?

La risa en la sala duró por un buen rato.

Entonces saqué una larga y pesada cadena de mi bolsa. "¿Saben lo que es esto? Es el pecado original."

Y se la colgué a Jim alrededor del cuello.

"¿Quién de ustedes ha hecho alguna vez algo sabiendo en su conciencia que no estaba bien?" Una tras otra, todas las manos empezaron a alzarse. En ese momento, coloqué alrededor del cuello del joven un surtido de cadenas más pequeñas, identificándolas como "pecados intencionales."

A continuación añadí una serie de preguntas: "¡Alguna vez has permitido que algo o alguien ocupe demasiado espacio en tu mente y en tu corazón — éxito, dinero, carrera, pasatiempos, etc? ... "¿Alguna vez has tenido problemas para liberarte de adicciones o malos hábitos? ... "¿Alguna vez te has sentido criticado, incomprendido, abandonado, descuidado, o abusado por un padre, una madre, alguien con autoridad, un empleador, un amigo?"

Con cada nueva pregunta, más y más cadenas se acumulaban en el cuello del pobre Jim.

Entonces vino la ronda final de preguntas: "En este momento, ¿le estás guardando rencor a alguien?"... ¿Hay algo que te cuesta perdonar — una persona que te hirió, una situación desagradable, incluso Dios mismo?" ... ¿Posees sentimientos recurrentes de ira, amargura, o resentimiento que no puedes dejar ir?" Entonces coloqué la cadena más grande y más pesada alrededor del cuello de Jim: *"Falta de Perdón."*

Me volví a los hombres y les pregunte, "Si fuéramos a correr ahora, ¿quién creen que ganaría?"

Lo que sucedió entonces no había sido ensayado previamente: Jim cayó de rodillas sobre el suelo y extendió sus brazos en forma de cruz.

Al principio pensé que lo había hecho a propósito para añadir un poco de dramatismo, pero después me aseguró que no fue así. Simplemente sus rodillas no pudieron aguantar más el peso de las cadenas, y al extender sus brazos lo que pretendía era mantener el equilibrio.

Esto fue una perfecta introducción para lo que yo quería decir a los hombres: "La mejor manera de deshacerse de nuestras cadenas es entregándoselas a Cristo en la cruz."

> Es Cristo quien nos redimió. ... El llevo nuestras cargas a la vista de todos, las fijo a la cruz, ... soltó nuestros grilletes, y destruyo nuestras cadenas. ... Por Su sangre hemos sido liberados de esas cadenas.

En el Secreto 5, expliqué el significado del Ahora Eterno y compartí el primer verso de una canción escrita por mí que expresa como Cristo nos alcanzó desde la cruz para sanarnos, cargando sobre Él todos nuestros pecados y destruyéndolos por medio de su muerte "una vez por todas." Pero también dije que tenemos que hacer algo para acceder al perdón y a la sanación; necesitamos hacer algo.

Volviendo a Jim arrodillado en el suelo en forma de cruz. Yo lo ayudé a ponerse en pie y extendiendo mis manos hacia él, dije:

Entrégamelas a mí.

Esta parte si *había* sido ensayada. Jim vaciló y entonces sacudió su cabeza y se echó para atrás como atemorizado, aferrándose a sus cadenas. Yo me acerqué otra vez y repetí:

Entrégamelas a mí y libérate de ellas.

Vaciló otra vez, y entonces despacio se quitó una de las cadenas y la colocó en mis manos, entonces, una por una (ahora más rápidamente), todas las demás. Yo las coloqué cada una alrededor de mi cuello. Volviendo hacia los hombres, les dije — y te digo a ti ahora —

> *Cristo, en el confesionario, en el Eterno Ahora de la cruz, atraviesa el tiempo y el espacio para llegar a ti y tomar tus cadenas. Él te pide que dejes de aferrarte a ellas y las sueltes para que Él pueda destruirlas y liberarte.*

Y ahí en ese momento, me quité todas las cadenas del cuello y las arroje al suelo.

Las cadenas de las que estoy hablando no son solo las cadenas de nuestros comportamientos pecaminosos que ya hemos confesado. Ya nos deshicimos de ellas. Cada vez que reconozco mi pecado y se lo entrego a Dios especialmente en el confesionario, se lo estoy entregando a Jesús en la cruz hace 2000 años, y Él lo está asumiendo. Así que de este modo hemos aligerado un poco nuestra carga.

A donde quiero llegar son las cadenas que tú y yo no hemos reconocido o no hemos sido aún capaces de entregar a Cristo. Él las quiere. Él las quiere quitar. El Padre nos quiere libres de cadenas. Él nos quiere libres. Él nos creó como hijos Suyos, pero nosotros no somos libres para *ser* hijos Suyos. Al igual que Jim, nosotros nos sentimos abrumados por el peso de esas cadenas, especialmente las cadenas de la falta de perdón que forjan nuestras heridas.

Durante mis charlas sobre la confesión, a menudo hago una serie de preguntas similares a las que hice en el retiro de hombres. ¿Hay alguien aquí que alguna vez se haya sentido herido de verdad por alguien — traicionado … ignorado … desairado … olvidado … manipulado … aprovechado … usado … maltratado de algún modo? ¿Quién hay aquí que alguna vez haya sufrido algún tipo de violencia emocional, mental o física de parte de otros?

Entonces les pido que miren a su alrededor en la sala. Generalmente todas las manos están levantadas.

Encaremos la realidad, con frecuencia todos somos heridos por personas que no nos tratan del modo en que debieran, personas con las que no podemos contar cuando las necesitamos, personas que son desconsideradas, exigentes, insensatas, poco confiables, arrogantes, críticas, deshonestas, e incluso totalmente repugnantes.

A veces la vida nos sienta como una patada en la boca a causa de acontecimientos, situaciones, y circunstancias que no podemos controlar y que a menudo nos dejan decepcionados, molestos, y deprimidos.

¡Todos tenemos estas heridas! Sin embargo, no son las heridas las que nos esclavizan y encadenan a nosotros mismos, sino la manera en que *respondemos* a las ellas.

La manera en que tendemos a reaccionar cuando hemos sido heridos puede causar un tipo de pecado que aparece casi sin darnos cuenta y que ni siquiera reconocemos como pecado. Siempre que nos sentimos heridos de algún modo — victimizados por otras personas, por las situaciones, por la vida misma — hay una reacción natural, humana que nos lleva a culpar a alguien, a devolver el golpe de algún modo. De esta manera reaccionamos con ira, resentimiento, amargura, juicio, rebelión, y un montón más de pensamientos y sentimientos no muy agradables.

En ocasiones, nuestras respuestas son muy verbales, y pecamos con nuestra lengua. Otras veces, no decimos nada en voz alta; simplemente encerramos todas esas reacciones negativas en nuestras mentes y nuestros corazones, donde continúan creciendo y nos devoran como llagas cancerosas.

Algunas veces "decimos" cosas en nuestro interior, cosas como "¡Lo odio! … "¡No quisiera ser nunca como ella!" ... "¡Qué idiota!" ... "¡Ojalá se muriera!" ... y muchísimas más. Ya captaste la idea.

Cada vez que permites que se ese tipo de cosas permanezcan en tu mente y tu corazón, colocas una nueva cadena alrededor de tu cuello. Estas son todas manifestaciones de falta de perdón, y necesitamos deshacernos de ellas. Como escribe San Pablo,

> Destierren la amargura, la ira, los gritos, los insultos y toda clase de maldad. Sean bondadosos y compasivos, perdónense unos a otros, como Dios los has perdonado por medio de Cristo.
>
> Ef 4, 31-32

Una de las cosas que más dificultan el deshacernos de todo eso es que nuestras reacciones son a menudo justi-ficables porque estamos "en lo correcto." Hemos sido erróneamente tratados por otra persona, y a menudo encontramos un cierto consuelo para nuestra herida "contando nuestras historias," las historias de cómo fuimos victimizados y agraviados.

Algunas veces las mantenemos en nuestro interior, "alimentándolas y remachándolas." Volvemos una y otra vez a las heridas del pasado y nos quedamos en ellas. Y algunas veces se las contamos a otros. Mientras más hacemos esto, más se alimentan nuestro resentimiento y amargura, y nuestra rebeldía hacia la otra persona, hacia las situaciones, e incluso hacia Dios mismo.

Esto se puede volver un hábito. Nos volvemos apegados a contar nuestras historias, lo cual nos hace sentir como justos que han sido abusados. Nos ayuda también a despertar simpatía en los demás y a justificarnos por nuestras respuestas negativas: "¡Mira como he sido agraviado. Tengo derecho a sentir lo que siento!"

Pero no se trata de tener la razón sino de elegir si bendecimos o maldecimos.

En cada encrucijada de nuestras vidas, se nos presenta una opción. En esta situación, esta circunstancia, este encuentro con otra persona, ¿voy a responder con una bendición o con una maldición? Voy a ser luz en la oscuridad, o voy a maldecir la oscuridad y así ser parte de ella.

San Pablo nos exhorta:

> Bendigan a los que les persiguen, bendigan y no maldigan.
>
> Rm 12, 14

Y San Pedro añade:

No devuelvan mal por mal ni injuria por injuria, sino todo lo contrario: bendigan siempre, pues para esto han sido llamados, para ser herederos de la bendición.

1 Pe 3, 9

¿Cómo aprendo a bendecir cuando lo que tengo ganas es de maldecir — cuando siento que tengo el derecho de maldecir? Usando un ejercicio muy simple llamado "Las Tres Erres."

¿Qué cosa es eso de "Las Tres Erres"? (Me alegra que hayas preguntado).

Las Tres Erres

Te encuentras manejando por una carretera y de repente alguien invade tu senda sin previo aviso y tienes frenar bruscamente. En tu interior sientes que vas a estallar, tu cuerpo se tensa, tu rostro se crispa, y finalmente explotas:

"¡Qué imbécil! ¿Por qué no aprendes a manejar?" Poco a poco comienzas a relajarte, y entonces te das cuenta que has elegido maldecir en lugar de bendecir. ¿Qué es lo puedes hacer entonces? Usa las Tres Erres:

1. Remuérdete. "Oh Señor, otra vez caí. Lo siento, Señor. Me arrepiento de esa reacción; me arrepiento de los pensamientos, los juicios, la ira, las palabras que dije."

2. Revoca. "Yo revoco todos esos pensamientos negativos y faltos de bondad, Señor. Me retracto de mis pensamientos, y retiro mis palabras."

3. Reemplaza. "Yo reemplazo esas maldiciones con una bendición, Señor. Lo perdono, y lo bendigo, y te pido que Tú lo bendigas, Señor."

Puedes utilizar Las Tres Erres en cualquier momento, en cualquier lugar. Cada vez que seas consciente de algo negativo dentro de ti, remuérdete, revócalo, y remplázalo. Mientras más te acostumbres a hacer esto, más descubrirás cuán frecuentemente la falta de perdón puede colarse en tu corazón. Yo ahora uso esta oración casi a diario, y en ocasiones ¡varias veces al día! ¡Es muy liberador!

Otra manera de aprender a responder a los demás

y a las situaciones con una bendición es seguir el
ejemplo de Jesús.

"Jesús, la noche en que iba a ser entregado"…

¿Has oído alguna vez antes estas palabras? ¿Cómo
reaccionó Jesús al hecho de ser traicionado?

> La noche en que iba a ser entregado,
> Jesús se sentó con sus discípulos y comenzó
> a quejarse de los Fariseos y de los Saduceos
> y de todos los maltratos que había estado
> recibiendo.

O ¿qué tal esta otra?

> La noche en que iba a ser entregado,
> Jesús se retiró solo, reflexionando acerca de
> su miseria, y sintiendo pena de Sí mismo
> porque nadie lo entendía.

O ¿ésta?

> La noche en que iba a ser entregado, Jesús
> fue donde Judas y lo golpeó con dureza.

Nada que ver con las Escrituras. ¿Verdad? ¿Cuál fue

la reacción de Cristo a la traición? ¿A la violencia? ¿Aún a la horrible violencia de la cruz?

¿Él quiso tomar represalias, o "desquitarse?" ¿Le conto su historia de angustias a cualquiera que quisiera escucharla? ¿Volvió una y otra vez sobre lo mismo en su interior, alimentando y remachando todas las razones que justificaban sus sentimientos de ira, amargura, rebeldía, juicio, y otras formas de falta de perdón?

¡Cristo tenía toda la razón! Él no había hecho nada malo, y aún así había sido terriblemente violado como persona.

¡La cuestión no es si tienes o no la razón!

Tú y yo hemos sido ofendidos por otras personas y quizás golpeados por la vida también. ¡Eso es real! Pero regodearnos en nuestras heridas y atarnos a la falta de perdón no nos va a ayudar.

¿Cómo reaccionó Cristo? Él dijo: "Padre, perdónalos porque no saben lo que hacen." Padre, perdónalos. Y eso es lo que Jesucristo te está diciendo — ahora mismo y cada vez que sientas que te hieren — "Perdona, perdona, perdona."

¿Hay personas que necesitas perdonar? Si es así,

necesitas hablarles, en persona si es posible. Si no es posible, entonces necesitas hablarles en tu interior. No niegues el dolor, no niegues cuan ofendido te sientes. Solo identifica la herida y perdónala:

> *"Papá, me maltrataste terriblemente, y eso estuvo mal. Fue horrible. No debiste haberlo hecho, y eso me hirió, pero te perdono y pido a Dios que te perdone; y te bendigo."*

Cada vez que haces eso, te liberas de tus cadenas. Si alguna vez has dicho, "yo nunca quiero ser como mi mamá," o algo similar, retira tus palabras. Usa Las Tres Erres:

> *"Señor, me remuerdo de eso, me arrepiento de la rabia, la amargura y la crítica que siento ahora en mi corazón. Lo revoco Señor, me retracto de mis palabras. Y las reemplazo. Yo la bendigo y te pido que la bendigas."*

Recuerdo un joven que se me acercó después de una de mis charlas sobre la falta de perdón. Me dijo que de repente había recordado que, en una ocasión, de niño, había deseado que su padre se muriera. Así pues, el tomo un minuto para hablar con Dios y retractarse de su deseo:

"Señor, me retracto de ese deseo. Me retracto
he haber pensado eso en mi mente. Yo quiero
que viva. Yo lo perdono."

Inmediatamente sintió como si un peso se le quitase
de encima, una carga que ni siquiera sospechaba había
estado llevando todos esos años.

De manera similar, en un retiro que estaba predicando,
una mujer se nos acercó, obviamente muy turbada, y nos
pidió que oráramos con ella. Ella nos dijo que un recuerdo
le acababa de emerger, un recuerdo tan profundamente
sepultado que ni sabía que estaba ahí.

Por primera vez en más de cuarenta años, ella se
encontró cara a cara con la realidad de que su padre la
había abusado sexualmente cuando era niña.

Nosotros la guiamos a hacer una oración de perdón y
bendición y, cuando ella fue finalmente capaz de encarar
su herida, renunciar a ella, y expresar perdón, el cambio
que tuvo lugar en ella fue sorprendente a la vista. Era una
persona diferente. Después de todos esos años, era libre.

Otras personas han expresado un problema diferente.
Estas han hecho lo mejor que han podido para perdonar,
pero los recuerdos continúan persiguiéndolas, las heridas

resurgen, y los sentimientos negativos comienzan otra vez a apoderarse de ellos:

"Yo puedo perdonar, pero no puedo olvidar."

Una experiencia bastante común. Entonces, ¿qué hacer con eso? Algunas personas te dirán: "Bueno, solo necesitas seguir intentándolo, trabajar más duro en eso, porque necesitas perdonar *y* olvidar."

Esto podrá sonar como un consejo sabio, pero es totalmente falso, y no es útil. Sugerir que algo anda mal en las personas porque no puedan olvidar una ofensa, solo causa más dolor, más vergüenza, y más incapacidad de perdonar la ofensa completamente y liberarse de su poder paralizante.

Este es un punto realmente importante, así que si te ha vencido el sueño al leer esto, despiértate un momento y realmente escucha esto: *Si, tú necesitas perdonar, pero no serás capaz de olvidar.* La próxima vez que oigas a alguien decir "perdona y olvida," solo dile que vaya a leer el *Catecismo.*

Como hemos visto, el *Catecismo* enfatiza fuertemente la necesidad de perdonar, pero también reconoce la realidad de que nosotros no tenemos la capacidad "de no sentir" una ofensa. No tenemos el poder de "olvidar una ofensa" (#2843).

La mayoría de nosotros ha experimentado esto. Tratamos honesta y sinceramente de perdonar, pero entonces algo pasa que nos recuerda el acontecimiento, y como el recuerdo aflora espontáneamente en nuestra mente, lo revivimos, sentimos nuevamente la herida y, si tratamos de negar el dolor o lo reprimimos, lo único que hacemos es acrecentar su fuerza negativa y volvemos a caer en la falta de perdón.

¿Qué podemos hacer? El *Catecismo* nos dice:

> No está en nuestra mano no sentir ya la ofensa y olvidarla; pero el corazón que se ofrece al Espíritu Santo cambia la herida en compasión y purifica la memoria transformando la ofensa en intercesión.
>
> #2843

¿Qué significa esto? Significa que no hay que tratar de olvidar. No negar el recuerdo. Dejar que venga. Y no negar la herida que trae consigo. Solo hay que aceptarla y *usarla*.

¿Cómo? Solo pide la gracia de perdonar realmente a la persona que te hirió, y entonces cada vez que las antiguas grabaciones comienzan a sonar en tu mente y sientas nuevamente la herida, ofrécela al Espíritu Santo como una oración *por esa persona*. Al hacer esto, tu memoria se purifica gradualmente, y la herida deja de tener poder sobre ti. De esta manera te haces capaz de seguir el mandato de Cristo de "ama a tus enemigos y ora por los que te persiguen" (Mt 5, 44).

(Si la herida es demasiado profunda y no puedes hacer esto enseguida, no te dejes vencer por el desánimo. Ten paciencia contigo, y ofrece tu corazón al Espíritu Santo. Tu corazón ha sido herido y necesita ser sanado, y la sanación requiere tiempo).

Mientras escribo esto, tengo en mi mente la imagen de personas con cadenas — personas que leen este libro — personas que han sido heridas por un padre, o una figura paterna, personas cuyos hijos han muerto, personas que han sido violadas, personas que han sido abandonadas por sus cónyuges, personas que han sido victimizadas de muchas maneras, personas cuyas heridas las han dejado atrapadas por el pecado y paralizadas por la culpa y la vergüenza.

Algunas se adhieren a sus cadenas, aferrándose a su dolor, manteniéndolas vivas al repetir sus historias de dolor una y otra vez. Otras están tratando de escapar de su dolor sepultando sus heridas en lo más profundo de su interior para protegerse así de los recuerdos que las puedan reabrir.

Y por encima de todas, veo a Cristo en la cruz, alcanzándolas con ternura abundante y deseando romper sus cadenas para liberarlas.

Yo solo quiero animarte: no te aferres a tu dolor. No te adhieras al mismo y no huyas de él. No te quedes repitiendo tu historia de dolor (a ti mismo o a cualquier otro), y no trates de sepultar tus recuerdos, sino atrévete a entregárselos a Dios. "Está bien, Señor, ayúdame a ver que hay en mi corazón. ¿Hay allí heridas que nunca han sido sanadas? ¿Hay allí alguna rabia, amargura, resentimiento, falta de perdón? ¿A qué me estoy aferrando Señor? ¿Cuáles son las cadenas que debo soltar y entregar a ti?"

> Habitaban en las tinieblas y en la sombra mortal, prisioneros de miseria y de cadenas. En su angustia gritaron al Señor y Él los libró de sus apuros, los sacó de las tinieblas y de la sombra mortal y rompió sus cadenas.
>
> Sal 107, 10, 13

Necesitamos gritar al Señor y dejar que Él rompa en pedazos nuestras cadenas. Y no hay mejor lugar para eso que el confesionario.

Como hemos visto, el confesionario es un lugar para sanar heridas. No es solo un lugar para ir con nuestros pecados. La Confesión es un proceso permanente de sanación.

Un poco antes te compartí la primera estrofa de una canción que escribí acerca del Cristo que nos ve desde la cruz y nos sale al encuentro para cargar con nuestros pecados. La segunda estrofa expresa una oración que te invito a rezar conmigo mientras que, desde *nuestras* cruces, nuestros lugares de dolor, miramos y lo vemos a Él, soltamos las cadenas que nos atan, y permitimos que Él nos sane:

Desde mi cruz,
veo Tu rostro y te amo.
Me siento tocado por ti
y confío que Tú puedes sanarme.
En tus manos coloco las cadenas
que mis pecados han creado,
y digo, "Sí, mi Dios,
restáurame en Tu amor.

ℰPÍLOGO
¡Cambia tu Aceite!

Sería ilusorio querer alcanzar la santidad ...
sin recibir con frecuencia este sacramento
de conversión y santificación.

Papa Juan Pablo II

Espero que no hayas abandonado la lectura después del Secreto 7. Reconozco que fue un capitulo bastante largo (lo siento), pero aún no hemos terminado. Todavía tengo algo bien importante que decirte.

Aquí en el Epilogo, quiero retomar algo que

compartí en el Prólogo, pues deseo convencerte de algo:

¡No solo de que "vayas" a la confesión, sino de que vayas con frecuencia!

Si llegaras a olvidarte de todo los que te he dicho en este libro, al menos recuerda que la confesión no se agota en el perdón del mal comportamiento, no se trata de una reparación hecha de una vez, sino de un proceso de sanación y educación que nos ayuda a crecer.

Si fuera solo una reparación puntual, eso significaría que solo debo acudir a ella cuando algo en mi está seriamente "roto." Pero como se trata de un proceso, eso significa que estoy recibiendo algo "en cuotas," poco a poco, paso a paso, confesión a confesión. Significa que mientras más se va a ella, mas se crece.

Así que, por favor, ¡ve a menudo — no vayas únicamente pensando en el pecado! ¡Ve con la conciencia de lo que hemos visto aquí: ve por la gracia! ¡Ve para crecer!

Ya mencioné antes que lo que tendemos a hacer cuando vamos a la confesión es confesar nuestros pecados, pero no las raíces de nuestros pecados. Así pues, nuestros *pecados* quedan perdonados, pero lo que nos hace pecar no ha sido *sanado*. Solemos pensar que el pecado es el problema. Pero no es así. El problema es lo que se ha ido acumulando en nosotros a partir de nuestras actitudes, nuestros hábitos, nuestra inmoralidad, nuestra debilidad, nuestra falta de *crecimiento* en nuestra relación con Dios.

Necesitamos una mirada más profunda, pidiéndole al Espíritu Santo, "Entra en mí. Sondea mi corazón. Revélame, cuales son los verdaderos problemas. ¿Cuáles son las cosas que me llevan a pecar? ¿Dónde necesito más de tu misericordia? ¿En que necesito ser sanado? ¿En qué necesito crecer?

Cuando comprendes realmente el valor de este sacramento, cada vez que lo recibes, estas recibiendo una nueva cuota de santidad, un nuevo nivel de transformación, una nueva infusión de Cristo en tu corazón para que puedas convertirte en odre nuevo, en nueva creación restaurada a Su imagen y semejanza y puedas así llegar a estar con Él para siempre.

Así pues, no vayas a la confesión cuando "necesitas hacerlo" porque has caído en un pecado grave. ¡Ve a menudo para recibir la gracia que te ayudara a *evitar* el pecado!

El Papa Benedicto XVI explica que es importante y necesario ser consciente de nuestros pecados y acusarnos de ellos en confesión. Sin embargo, si nos centramos solo en el pecado, podríamos dejar de experimentar la realidad central de este sacramento.

¿Cuál es la realidad central?

> El encuentro personal con Dios, Padre de bondad y de misericordia. En el centro de la celebración sacramental no está el pecado, sino *la misericordia de Dios.*

El Papa aclara que acercarse a la confesión frecuentemente, no solo para el perdón, sino "para experimentar el amor misericordioso del Padre Celestial," nos ayuda a reorientar nuestras vidas hacia una conversión continua:

> Nuestra vida cristiana debe tender siempre a la conversión y, cuando nos acercamos frecuentemente al sacramento de la Reconciliación, permanece vivo en nosotros el anhelo de perfección evangélica. ... Si falta este anhelo incesante, la celebración del sacramento corre, por desgracia, el peligro de transformarse en algo formal que no influye en el entramado de la vida diaria.

En su libro *Living the Sacraments* (*Viviendo los Sacramentos*), el P. David Knight ha escrito que, para hacer que la confesión tenga un efecto real en nuestra vida diaria, necesitamos utilizarla "de manera regular" como un "sacramento permanente de crecimiento," no como una simple conversión *del* pecado, sino como una conversión *para* el crecimiento como discípulos de Jesús:

> La confesión utilizada solo para el perdón es una conversión *de*. La confesión utilizada como una guía e incentivo para el crecimiento espiritual, es una conversión *para* un más profundo, radical, y autentico seguimiento de Jesucristo.

Pienso que para muchos de nosotros la confesión es como llevar nuestro automóvil al taller para un trabajo de reparación. Pensamos que la confesión es para cuando necesitamos una revisión o reparación mayor. No estamos marchando bien así que tenemos que ser "reparados." Más bien, deberíamos pensar en la confesión como "mantenimiento."

La confesión debería ser un cambio de aceite.

Yo recuerdo cuando obtuve mi primer coche realmente bueno. Tenía apenas dos años y solo 12000 millas recorridas. Uno de mis amigos me dijo: "Déjame decirte algo. No importa que otra cosa hagas, cambia el aceite cada 3000 millas, y el coche se mantendrá caminando." Resultó ser un buen consejo.

Si has comprado algún importante equipo electrodoméstico recientemente, con seguridad te ofrecieron un "contrato de mantenimiento." Te cuesta un dinero extra, pero con un contrato de mantenimiento cuando las cosas no funcionen bien, las puedes mandar a arreglar. Algunas veces el contrato cubre solo las piezas, y algunas veces las piezas y la mano de obra.

Me gusta pensar en la confesión como parte de nuestro contrato de mantenimiento con Cristo. Cada uno de nosotros viene con una garantía de por vida. Y si algo alguna vez no funciona bien, Cristo puede remplazar todo de gratis. Piezas y mano de obra. Todo es gratis. Para siempre. Ese es nuestro contrato de mantenimiento. Y no nos cuesta un centavo más. Lo único que tenemos que hacer es aprovecharnos de eso. Nosotros nos acercamos a la confesión como parte de ese contrato de mantenimiento.

Si compras un coche nuevo, el contrato de manten-imiento cubre algo así como 50000 millas o 5 años, lo que llegue primero. Pero este contrato solo cubre los defectos de fábrica o las fallas que ocurran en el uso normal del coche. Si abusas del producto, pierdes la garantía.

Dios nos permite incluso que abusemos del producto. El siempre nos conserva la garantía de por vida. Sin embargo, en un sentido práctico, lo que es necesario es lo mismo que encontramos en el contrato de un coche: hay tiempos establecidos para un mantenimiento regular.

El fabricante sabe que si no aseguras el mantenimiento regular para el producto, este se va a romper, y entonces la compañía tendrá que arreglarlo para cumplir con la garantía. Por este motivo tienes que sujetarte a un programa regular de mantenimiento preventivo.

Solo chequeando el aceite, te das cuenta que, después de un periodo de tiempo, sin importar si el coche camina bien, se le añaden impurezas. Estas se mezclan con el aceite y el aceite se vuelve pesado, grueso, y oscuro y deja de realizar bien su función. Del mismo modo, con el tiempo, el coche deja de caminar bien y se deteriora con rapidez.

Pero si pones aceite nuevo cada 3000 millas y

cambias el filtro del aceite, eliminas las impurezas antes de que creen serios problemas.

Comparemos este concepto con la confesión. Digamos que no tenemos impurezas "mortales." Estamos aun "marchando" bien; no hay nada "roto," pero las pequeñas impurezas se están acumulando sostenidamente, y hacen que nos vayamos gradualmente deteriorando.

Al igual que con el cambio de aceite programado, nosotros deberíamos ir a la confesión "cada 3000 millas"; es decir, ¡regularmente!

¿Qué quiero decir con "regularmente"? Déjame comenzar poniéndote un ejemplo. Yo recuerdo como me sorprendí la primera vez que oí decir que el Papa Juan Pablo II tenía la costumbre de confesarse una vez por semana. Yo admiraba (y aún admiro) la santidad de ese hombre. Y pensé para mí: "El Papa va a confesarse una vez por semana. ¿Por qué?

¡Porque el recorría muchas millas! Aun literalmente. Así que acudía a la confesión regularmente para mantener puro el "aceite" de su vida, para obtener una inyección fresca de la "nueva vida" de la gracia.

No puedo dejar de sonreír al escribir esto, porque me

trae a la memoria una pequeña conversación que a menudo sostenía con mi director espiritual, el P. George Kosicki.

En ese momento, estábamos trabajando juntos todos los días en el Santuario Nacional de la Divina Misericordia. El había sido mi director espiritual, mentor, y amigo por largo tiempo y me conocía quizás mejor de lo que yo me conocía a mí mismo.

Yo había compartido con él la imagen de la confesión como un cambio de aceite, no un como un trabajo en el motor y, después de eso, de vez en cuando, el dejaba lo que estaba haciendo para mirarme con una sonrisa en el rostro:

Te ves un poco "deteriorado," Vinny. ¿Es tiempo para un cambio de aceite?

Nunca tuve que pedirle que me oyera en confesión. ¡El *me* decía cuando necesitaba ir! Y siempre daba en el clavo. Su pregunta me hacía detenerme y mirarme a mí mismo; y me daba cuenta que estaba comenzado a ponerme un poco "polvoriento," un poco "sucio y empercudido." Yo no tenía conciencia de ningún pecado grave, pero las cosas no parecían estar bien.

(Supongo que también hay personas en tu vida que podrían decirte cuando es tiempo de someterte a un pequeño "mantenimiento.")

He aprendido que, si no aprovecho ese tiempo en el que no he cometido ningún pecado grave, pero soy consciente de que "el aceite necesita cambiarse," ahí es cuando el pecado de verdad se introduce, y entonces sí que voy a necesitar un trabajo de reparación. Necesito dedicar tiempo al "mantenimiento regular," para no llegar al punto de que se produzca una caída mayor que prive de la gracia.

Puedo imaginarme a muchos de ustedes sacudiendo la cabeza mientras leen esto:

> "¡Espera un momento! ¿Me estás diciendo que debiera acudir a la confesión *antes* de que haya hecho algo realmente malo? ¿Que debiera ir incluso si solo tengo unos pocos pecados *veniales* que confesar? ¿Y que debiera ir *cada semana*?"

Bueno, en el aspecto semanal, podría darte un poco de flexibilidad; quizás podrías comenzar yendo cada dos semanas, o incluso una vez al mes. La frecuencia puede variar de persona a persona.

La cuestión principal es hacerse el hábito de acudir regularmente, frecuentemente, y con la actitud adecuada.

Y con relación al punto de ir aunque solo tengas pecados veniales que confesar, digamos solo que te lo recomiendo fuertemente. Y no solo yo.

El Papa Juan Pablo II quien, como ya hemos visto, acudía a la confesión semanalmente, animaba a los demás a hacer lo mismo; y escribió a sus sacerdotes y obispos que debían ellos mismos recibir el sacramento "frecuentemente y con buena disposición"; y que "se tiene que continuar dando gran importancia a exhortar a los fieles a recibir el sacramento ... *solo por los pecados veniales.*"

El Papa Benedicto se hace eco de esto con fuerza en *El Sacramento de la Caridad,* escribiendo que "los obispos tienen el deber pastoral ... de animar a los fieles a la confesión frecuente," y que "todos los sacerdotes debieran dedicarse con generosidad, compromiso, y competencia a administrar el sacramento de la Reconciliación."

El *Rito de la Penitencia* oficial también contempla los beneficios de la confesión frecuente de los pecados veniales:

Aquellos que por las debilidades cotidianas incurren en pecados veniales sacan fuerza de la celebración reiterada de la Penitencia para alcanzar la total libertad de los hijos de Dios.

#7

"Reiterada celebración." Me gusta esa frase. En definitiva, ¿qué es lo que celebramos reiteradamente en la confesión frecuente? ¡*La misericordia*!

El *Catecismo de la Iglesia Católica* nos dice:

> Sin ser estrictamente necesaria, la confesión de los pecados veniales, sin embargo, se recomienda vivamente por la Iglesia.
>
> En efecto, la confesión habitual de los pecados veniales ayuda a formar la conciencia, a luchar contra las malas inclinaciones, a dejarse curar por Cristo, a progresar en la vida del Espíritu.
>
> Cuando se recibe con frecuencia, mediante este sacramento, el don de la misericordia del Padre, el creyente se ve impulsado a ser él también misericordioso.

#1458

No hay mejor razón para acudir a la confesión, y acudir frecuentemente que ésta: *para recibir la*

*misericordia del Padre y aprender nosotros a ser miseri-
cordiosos.*

¡El Papa Francisco en su homilía en el Domingo de
la Divina Misericordia en el 2013, habla de esto muy
hermosamente! Y nos dice algo que todos necesitamos
oír cuando luchamos con nuestras faltas, especialmente
cuando nos sentimos desanimados e impacientes con
nosotros mismos. Él habla acerca de la paciencia y la
ternura de Dios quien, a diferencia de nosotros, no
necesita todo de una vez:

> Dios es paciente con nosotros porque
> nos ama, y quien ama comprende, espera, da
> confianza, no abandona, no corta los
> puentes, sabe perdonar. Recordémoslo. ...
> Dios nos espera siempre, aun cuando nos
> hayamos alejado. Él no está nunca lejos, y si
> volvemos a Él, está preparado para
> abrazarnos.

Reflexionando sobre la historia del hijo prodigo, que
él llama "la parábola del Padre misericordioso," nos
recuerda que el Padre "nunca se había olvidado de su
hijo" sino que lo estaba esperando "cada día, cada
momento." A pesar de todo lo que había hecho, el hijo

estaba "siempre en el corazón del Padre."

El Padre "no había nunca dejado un segundo de pensar en él," y cuando el hijo regresa, este recibe "la ternura de Dios sin ningún reproche."

¡Genial! ¡Eso es real! ¡Esa es la confesión! No importa donde estés en tu vida, no importa lo que hayas hecho o dejado de hacer, no importa cuáles hayan sido tus faltas, debilidades, pecados, el Padre no te ha olvidado.

Tú estás siempre en Su corazón. Él nunca deja de pensar en ti. Él está siempre esperando por ti, y cuando regreses a Él, te abrazará con su divina ternura y sin ningún reproche.

El Santo Padre continúa:

> Tal vez alguno de nosotros puede pensar: mi pecado es tan grande, mi lejanía de Dios es como la del hijo menor de la parábola. …
> No tengo las agallas para volver, para pensar que Dios pueda acogerme y que me esté esperando precisamente a mí. …
>
> Pero Dios te espera precisamente a ti, te pide sólo el valor de regresar a Él.
>
> … No temas, ve con Él, te está esperando, Él hará todo.

El Papa termina su homilía con lo que, para mí, parece ser un modo perfecto de terminar este libro, invitándote a emprender un nuevo camino hacia la alegría del confesionario, un nuevo y transformante sendero hacia la sanación y la santidad:

> Dejémonos envolver por la misericordia de Dios; confiemos en su paciencia que siempre nos concede más tiempo; tengamos el valor de volver a su casa, de habitar en las heridas de su amor dejando que Él nos ame, de encontrar su misericordia en los sacramentos. Sentiremos su ternura, tan hermosa, sentiremos su abrazo, y seremos también nosotros más capaces de misericordia, de paciencia, de perdón y de amor.

$\mathcal{S}$ECRETO EXTRA
No te Olvides de los Aperitivos

*Conviene preparar la recepción de este sacramento
mediante un examen de conciencia.*

Catecismo, #1454

$\mathbf{E}$s verdad, lo reconozco. Fui yo quien me olvidé.
Hay algo que quería compartir contigo que a mí
me ha ayudado mucho, pero como ya he agotado
todos mis 7 Secretos, no me queda más remedio que
ofrecerte un "secreto extra" — y este quizás sea el
"secreto" más profundamente oculto, el que más a
menudo se olvida.

Y de alguna manera me parece bien terminar por el principio. *Antes* de ir a confesarte hay algunas cosas que debieras hacer como preparación. Por eso quiero ofrecerte ahora algunos "entrantes"; es decir, algunos aperitivos espirituales que te ayuden a prepararte para la comida principal.

Durante buena parte de mi vida, no pude darme cuenta de que mi experiencia en el confesionario habría sido mucho mejor si hubiera estado mejor preparado. Yo simplemente iba a confesarme sin más. Como mucho, yo me detenía unos pocos minutos para pensar lo que iba a decir, pero no para una auténtica preparación.

Así pues, quiero ofrecerte algunos exámenes de muestra, una lista de los Diez "Mandamientos" de la confesión, algunos Salmos Penitenciales, y algunas referencias a otros recursos que puedan serte útiles para una preparación orante. En buena medida, estos serán breves recordatorios de puntos ya vistos en el libro, no obstante hay dos puntos que quisiera recalcar acerca de la preparación para la Confesión.

Punto #1: Entrégasela a Maria

Ella es la Madre de la Divina Misericordia, la que

mejor la entiende, la que Cristo nos dio como Madre desde la cruz. Pídele que te ayude a hacer una buena confesión, que interceda para que el Espíritu Santo te guíe, y que ella misma te acompañe al confesionario. Como explica el Papa Francisco, "Ella es nuestra Madre que acude siempre presurosa cuando necesitamos ayuda," del mismo modo que acudió presurosa a ayudar a su prima Isabel.

Punto #2: Ora por tu Confesor

Sí, ora por tu confesor — y ten presente que parte de su "oficio" es orar por ti.

¿Qué? ¿Se supone que el sacerdote ore por mí? Sí. Yo no lo sabía, y varios sacerdotes me han dicho que ellos tampoco. No se lo enseñaron en el Seminario. Sin embargo, esto es lo que dice el *Catecismo* acerca de los deberes del sacerdote:

> Él debe … conducir al penitente con paciencia hacia su curación y su plena madurez. Debe orar y hacer penitencia por él confiándolo a la misericordia del Señor.
>
> #1466

Cuando voy a confesarme, mi confesor y yo nos

sentamos allí y oramos juntos por un rato antes de hacer cualquier otra cosa. ¡Cómo cambia esto las cosas!

Muy bien, el sacerdote debiera orar por mí. Pero ¿por qué debiera yo orar por él? ¡Porque el también es una persona! Sí, él ha consagrado su vida a Dios y ha sido escogido para actuar *in persona Christi*, pero sigue siendo un ser humano (a menudo sobrecargado de trabajo y menospreciado). Tu oración lo ayudará a él — y te ayudará a ti.

Santa Faustina escribe:

> Comprendí que tengo que orar mucho por cada confesor para que el Espíritu Santo los ilumine, porque cuando me acerco al confesionario sin rezar antes ardientemente, el confesor me comprende poco.
>
> *Diario*, 647

Así pues, hazte a ti mismo y a tu confesor un gran favor y dedica algún tiempo a orar por él antes de acercarte al confesionario.

Muy bien, ahora puedes darle una ojeada al Examen y a los otros "aperitivos" que he preparado para ti. Ojalá que te "despierten el apetito" y te ayuden a experimentar la confesión como un banquete de gracia.

Examen en 7 Pasos

1. ¿Qué cosas continúan apareciendo en mi "lista" para la confesión? (¿Que hábitos, comportamientos, vicios, adicciones considero más difíciles de cambiar?)

2. ¿Cuáles son los problemas de raíz que me impiden progresar en esas áreas?

3. ¿Qué áreas de mi vida no he sometido aún al Señorío de Cristo? ¿Qué es lo que me quita la paz?

4. ¿Que heridas tengo que necesitan ser sanadas? ¿Qué es lo que me hiere?

5. ¿Con qué persona, situación, o evento sigo resentido, amargado, o enojado? ¿A quién necesito perdonar (a Dios, a mí mismo, a otros)?

6. La confesión llama a una "radical reorientación" de mi vida entera. ¿En qué aspecto (s) me parezco menos a Jesús? ¿Qué necesito cambiar?

7. ¿Qué cosa concreta puedo proponerme cambiar ahora mismo, confiando en la gracia de Dios?

Examen "El Amor es Paciente"
(Chequea hasta donde das la talla)

Soy paciente; soy bondadoso; no soy envidioso, o engreído, o arrogante o grosero.

No insisto en hacer las cosas a mi manera; no soy irritable o resentido; no me regocijo en hacer el mal, sino me regocijo en la verdad. Todo lo soporto, todo lo creo, todo lo espero, todo lo aguanto.

Basado en 1 Corintios 13, 4-7

Otros Exámenes:

Existen muchos otros exámenes de conciencia disponibles, en su mayoría basados en los Diez Mandamientos o las Bienaventuranzas. Un excelente y abarcador examen proviene del *Handbook of Prayers* (Manual de Oraciones), editado por el P. James Socias. Se puede encontrar también al final del libro de Scott Hahn, *Lord, Have Mercy: The Healing Power of Confession*. (Ambos libros están disponibles en amazon.com).

Aquí están algunos enlaces de varios exámenes en Internet en español (sí haces tu propia búsqueda podrás encontrar muchos otros):

kofc.org/en/resources/cis/devotion
www.usccb.org/prayer-and-worship/sacraments/penance/upload/Spanish
www.ewtn.com/spanish/Examen_de_conciencia.htm
www.kofc.org/un/es/resources/cis/confession.pdf
www. es.catholic.net/aprendeaorar/105/50/

www.aciprensa.com/penitencia/examen.htm

Diez "Mandamientos" de la Confesión

1. Ve con frecuencia, aún para los pecados mortales.

2. Dedica tiempo a prepararte en oración.

3. Pídele a Maria, Madre de la Misericordia, que ore por ti.

4. Invoca al Espíritu Santo para declararte culpable de tus pecados (para que te muestre tus pecados y tu pecaminosidad)

5. Medita sobre la Pasión de Cristo para suscitar "Lágrimas de Arrepentimiento."

6. Discierne las áreas en las que más necesites la misericordia de Dios.

7. Ora por tu confesor. El ha sido instruido por la Iglesia para orar por ti, así que, en reciprocidad, debieras tú orar por él para que la luz del Espíritu Santo lo guíe.

8. No te concentres solo en los comportamientos. Concéntrate en los problemas de raíz, actitudes pecaminosas, miserias, y heridas de tu corazón.

9. Da gracias por tu sanación.

10. Cumple la penitencia.

Salmos Penitenciales
Para una Preparación Orante

Salmo 51
Oh Dios, Ten Misericordia de Mí

Misericordia, Dios mío, por tu bondad,
por tu inmensa compasión borra mi culpa,
lava del todo mi delito,
limpia mi pecado.

Pues yo reconozco mi culpa,
tengo siempre presente mi pecado:
contra ti, contra ti solo pequé,
cometí la maldad que aborreces.

Te gusta un corazón sincero,
y en mi interior me inculcas sabiduría.
Rocíame con el hisopo: quedaré limpio;
lávame: quedaré más blanco que la nieve.

Hazme oír el gozo y la alegría,
que se alegren mis huesos quebrantados.
Aparta de mi pecado tu vista,
borra en mi toda culpa.

Oh Dios, crea en mí un corazón sincero,
renuévame por dentro con espíritu firme;
no me arrojes lejos de tu rostro,
no me quites tu santo espíritu.

Devuélveme la alegría de tu salvación,
afiánzame con espíritu generoso:
Enseñaré a los malvados tus caminos,
los pecadores volverán a ti.

Líbrame, oh Dios,
Dios, Salvador mío,
y cantará mi lengua tu justicia.
Señor me abrirás los labios,
y mi boca proclamará tu alabanza.

Los sacrificios no te satisfacen:
si te ofreciera un holocausto, no lo querrías.
Mi sacrificio es un espíritu quebrantado;
un corazón quebrantado y humillado,
tú no lo desprecias.

Extractado de *Liturgia de las Horas*, vol. 2
(Coeditores Litúrgicos, Barcelona, 1992), p.1010.

Salmo 102
(Extractos Personalizados)

Te doy gracias, Oh Señor, con todo mi ser.

Te doy gracias y nunca olvidaré todas tus bendiciones.

Tú perdonas todos mis pecados; curas todas mis
enfermedades;

Tú rescatas mi vida de la fosa;

Me colmas de gracia y de compasión;

Tú sacias mi vida de bienes,

y renuevas mi juventud.

Señor, tu eres compasivo y misericordioso,

lento a la ira y rico en misericordia.

Tú no nos tratas como merecen nuestros pecados,

ni nos pagas según nuestras culpas.

Como dista el oriente del ocaso,

así alejas de nosotros nuestros pecados.

Como un padre siente compasión por sus hijos,

así tienes misericordia con tus fieles.

Cf. *Liturgia de las Horas*, vol. 2, (Coeditores
Litúrgicos, Barcelona, 1992), p. 1289.

Salmo 129
(Extractos Personalizados)

Desde lo hondo a ti grito, Señor;
¡Señor, escucha mi voz!
Estén tus oídos atentos
a la voz de mi súplica.

Si llevas cuentas de los delitos, Señor,
¿Quién podrá subsistir?
Pero en ti se encuentra el perdón,
para los que te respetan.

Mi alma espera por ti, Señor,
espero en tu palabra.
Mi alma te anhela Señor
más que el centinela la aurora.
(Que el centinela aguarde la aurora,
yo aguardo al Señor).

Porque de ti, Señor, viene la misericordia,
la redención copiosa.
Tú me redimirás
de toda mi iniquidad.

Cf. *Liturgia de las Horas*, vol. 2, (Coeditores
Litúrgicos, Barcelona, 1992), p. 1242.

Notas, Fuentes, y Referencias

PRÓLOGO

Superando la Lista de la Compra

Página (¿): "Redescubramos con alegría y confianza
…" Papa Juan Pablo II, *Carta a los Sacerdotes por el
Jueves Santo*, #4, Marzo 17, 2002.

Página (¿): "Pidamos, pues, a Cristo …" Papa Juan
Pablo II, *Carta a los sacerdotes por el Jueves Santo*, #10,
11, Marzo 25, 2001.

SECRETO 1
El Pecado no Cambia a Dios

Página (¿): "No somos el producto casual y sin sentido …" Papa Benedicto XVI, Homilía de Inauguración de su Pontificado, Abril 24, 2005.

Página (¿): "La esencia del pecado es nuestro rechazo a la filiación divina." Scott Hahn, *A Father who Keeps his Promises* (Ann Arbor, MI: Servant Publications, 1998, p.20.

Página (¿): "El sol se alza y brilla temprano …" San Juan de la Cruz, *Llama de Amor Viva*, 46-7, citada por Iain Matthew, *The Impact of God* (Londres: Hodder & Stoughton, 1995), p.75.

Página (¿): "Dios es visto por aquellos que tienen la capacidad de verlo …" Teófilo de Antioquía, del libro dirigido a Autolico, citado por *Liturgia de las Horas*, vol. 2 (Coeditores Litúrgicos, Barcelona, 1992) p.205.

SECRETO 2
No se Trata Solo del Perdón

Página (¿): "un sacramento de iluminación ... una luz preciosa en el camino hacia la perfección ..." Papa Juan Pablo, Discurso a la Penitenciaría Apostólica, Ciudad del Vaticano, Marzo 27, 2004.

Página (¿): "llamado a asumir el papel de padre, guía espiritual, maestro y educador ..." Papa Benedicto XVI, *Discurso a los Confesores que Sirven en las 4 Basílicas Romanas*, Febrero 19, 2007.

Página (¿): "esta permeado por la conciencia de una pérdida mayor ..." Papa Juan Pablo II, *Rico en Misericordia*, #5.

Página (¿): "Al ciego curado Jesús le revela que ha venido al mundo para realizar un juicio ..." Papa Benedicto XVI, Alocución del *Angelus*, Marzo 2, 2008.

SECRETO 3
Tu Pecado no es Igual a mi Pecado

Página (¿): "… actitudes distorsionadas …" P. David Knight, *Living the Sacraments: A Call to Conversion* (Huntington IN: Our Sunday Visitor, 1987), p.28.

Página (¿): "Todo pecado es simplemente dejar de responder como debiéramos." P. David Knight, *An Armchair Retreat* (Huntington IN: Our Sunday Visitor, 1987), p.77.

SECRETO 4
La Confesión No es Nunca del Todo Privada

Página (¿): "A través de su ordenación, el sacerdote recibe un poder sagrado …" S.E.R. José Gómez, Arzobispo de San Antonio, *Carta Pastoral La tierna misericordia de Dios*, Febrero 21, 2007, #5.

Página (¿): "En el sacramento de la Reconciliación se nos invita …" Papa Juan Pablo II, Homilía, Dublín, Septiembre 29, 1979, #6.

Página (¿): "un encuentro más personal ..." Papa Juan Pablo II, Homilía durante la Misa celebrada en Phoenix Park, Dublín, Septiembre 29, #6.

Página (¿): "vivir la confesión no como un rito ..." P. Raniero Cantalamessa, Meditación Cuaresmal para la Casa Pontificia, Abril 2, 2004.

Página (¿): "La "Reconciliación es principalmente un don ..." Papa Juan Pablo II, Exhortación Apostólica *Reconciliación y Penitencia*, Diciembre 2, 1984, #5.

Página (¿): "hacer que los penitentes experimenten el amor misericordioso del Padre celestial ..." Papa Benedicto XVI, Alocución, Marzo 7, 2008.

Página (¿): "llamada a la conversión es un estimulo a regresar a los brazos de Dios ..." Papa Benedicto XVI, Audiencia General, Febrero 6, 2008.

Página (¿): "Cuando vamos a confesarnos somos como el hijo prodigo ..." S.E.R. José Gómez, Arzobispo de San Antonio, *Carta Pastoral La tierna misericordia de Dios*, Febrero 21, 2007, #23.

Página (¿): "Cuando pecamos, repudiamos a Dios como nuestro Padre ..." S.E.R. José Gómez, Arzobispo de San Antonio, *Carta Pastoral La tierna misericordia de Dios*, Febrero 21, 2007, #12.

SECRETO 5
¡Tienes Correo!

Página (¿): "El vía crucis no es algo del pasado ..." Papa Benedicto XVI, Alocución al finalizar el Viacrucis, Roma, Abril 15, 2006.

Página (¿): "concentrados para siempre en el don de la Eucaristía ..." Papa Juan Pablo II, Ecclesia de Eucharistia, #5.

Página (¿): "aplica a los hombres de hoy ..." Papa Juan Pablo II, *Ecclesia de Eucharistia*, #12.

Página (¿): "debiera dársele tanta importancia como a la Eucaristía ..." Papa Juan Pablo II, *Discurso en la Clausura del Sínodo de los Obispos*, 1983.

Página (¿): "Dios te creo sin ti ..." San Agustín, Sermón 169, citado por *Catecismo de la Iglesia Católica*, #1847.

Página (¿): "Why the Robin's Breast is Red." James Ryder Randall, *The Catholic Anthology* (New York: The Macmillan Co., 1947), p.284.

Secreto 6
Vino Nuevo Necesita Odres Nuevos

Página (¿): *"Vete y no peque más ..."* Paráfrasis de varios pasajes de la Escritura, Cf. Jn 8, 11; Jn 14, 34; Col 3, 12-13; Lc 6, 36; Lv 19,2.

Página (¿): "Zaqueo no sospechaba que ..." Papa Juan Pablo II, *Carta a los Sacerdotes por el Jueves Santo*, Marzo 21, 2002, #5.

Página (¿): "La casa de este ..." Papa Juan Pablo II, *Carta a los Sacerdotes*, Marzo 21, 2002, #6.

Página (¿): "Esto es lo que sucede …" Papa Juan Pablo II, *Carta a los Sacerdotes*, Marzo 21, 2002, #6.

Página (¿): "Revistiéndome yo misma de ti …" Santa Catalina de Siena, *Sobre la Divina Providencia*, citado por *Liturgia de las Horas*, vol. 2 (Coeditores Litúrgicos, Barcelona, 1992) p.1991.

SECRETO 7
¡Tienes que Soltar tus Cadenas!

Página (¿): "Quitémonos de encima …" San Agustín, Tratado sobre San Juan, citado por *Liturgia de las Horas*, vol. 2 (Coeditores Litúrgicos, Barcelona, 1992) p.236.

Página (¿): "todo pecado es, en algún sentido …" Scott Hahn, *Lord Have Mercy: The Healing Power of Confession* (New York, Doubleday, 2003), p.123.

Página (¿): "un orden bien claro de prioridades …" Papa Francisco, Homilía, Abril 14, 2013.

Página (¿): "prisioneros de nosotros mismos ..." Iain Matthew, *The Impact of God* (Londres: Hodder & Stoughton, 1995), p.47.

Página 145: "Es Cristo quien nos redimió ..." San Paciano, citado en *The Liturgy of the Hours*, Vol. 2 (New York: Catholic Book Publishing, 1976), p. 116.

Página 162: "Habitaban en las tinieblas y en la sombra mortal ..." Salmo 107, *The Grail* (Inglaterra), 1963, publicado por Collins, Londres, 1963.

EPÍLOGO
¡Cambia tu Aceite!

Página (¿): "Sería ilusorio ..." Papa Juan Pablo II, Alocución en Roma, Marzo 27, 2004.

Página (¿): "El encuentro personal con Dios ..." Papa Benedicto XVI, Alocución, Marzo 7, 2008.

Página (¿): "Nuestra vida cristiana debe tender siempre a la conversión ..." Papa Benedicto XVI, Alocución, Marzo 7, 2008.

Página (¿): "La confesión utilizada solo para el perdón ..." P. David Knight, *Living the Sacraments: A Call to Conversion* (Huntington IN: Our Sunday Visitor, 1984, p.26.

Página (¿): "frecuentemente y con buena disposición ..." Papa Juan Pablo II, Exhortación Apostólica *Reconciliación y Penitencia*, Diciembre 2, 1984, #31:IV.

Página (¿): "se tiene que continuar dando gran importancia ..." Papa Juan Pablo II, Exhortación Apostólica *Reconciliación y Penitencia*, Diciembre 2, 1984, #32.

Página (¿): "los obispos tienen el deber pastoral ..." Papa Benedicto XVI, *Sacramento de la Caridad*, #21.

Página (¿): "Dios es paciente con nosotros porque nos ama ..." Papa Francisco, Homilía en el Domingo de la Divina Misericordia, Abril 7, 2013, #2.

Página (¿): "nunca se había olvidado de su hijo ..." Papa Francisco, Homilía en el Domingo de la Divina Misericordia, Abril 7, 2013, #2.

Página (¿): "Tal vez alguno de nosotros puede pensar ..." Papa Francisco, Homilía en el Domingo de la Divina Misericordia, Abril 7, 2013, #3.

Página (¿): "Dejémonos envolver ..." Papa Francisco, Homilía en el Domingo de la Divina Misericordia, Abril 7, 2013, #3.

SECRETO EXTRA
No te Olvides de los Aperitivos

Página (¿): "Ella es nuestra Madre ..." Papa Francisco, Homilía en la Parroquia de Porta Prima, Roma, Mayo 26, 2013.

"El Amor que Salva"
© Maria Rangel, 2013, www.rangelstudios.com

 María Rangel siguió la carrera de arte después de graduarse con un B.A. en Artes Liberales en la Universidad de Santo Tomas de Aquino, en Santa Paula, CA. Tiene además un B.F.A. en Bellas Artes por la Escuela de Arte y Diseño de Laguna, en Laguna Beach, CA. Ella ha evolucionado en su perspectiva y en su técnica a partir de sus estudios y su estancia en la Academia Ángel de Arte, en Florencia, Italia. Actualmente vive en el sur de California con su esposo y dos hijos.

LA PUERTA HACIA
LA MISERICORDIA DE DIOS
ESTÁ ABIERTA DE PAR EN PAR

PERDONADO
EL PODER TRANSFORMADOR DE LA CONFESIÓN

Con el programa PERDONADO, puedes guiar a los parroquianos a que comprendan mejor la manera en que pueden acoger la misericordia y el perdón de Dios por medio del Sacramento de Reconciliación, cambiando así sus vidas.

Para más información visita la página
augustineinstitute.org/forgiven

AUGUSTINE INSTITUTE
COMPRENDE, VIVE Y COMPARTE TU FE

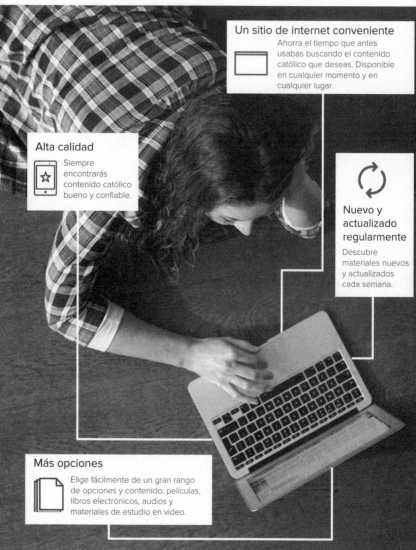